임진왜란과 병자호란

환란의 시대, 치욕의 역사에서 무엇을 배워야 하는가?

임진왜란과 병자호란

김수인

과거의 경험에서 오늘을 사는 지혜를!
대한민국 사회 내부에 만연한
지역·세대·성별·이념 간 갈등을 해소하고
통합과 미래를 위한 값진 교훈!

밥북
B·BOO·K

평화를 원한다면
전쟁을 기억하라

1592년 4월에 발발한 전쟁을 우리는 임진왜란$_{壬辰倭亂}$이라 부른다. 왜란$_{倭亂}$이란 표현에는 우리의 남해안 지역에 왜구가 나타나 해적질과 노략질을 일삼고 주민들을 잡아가거나, 포구에서 난동을 일으키고 돌아가는 정도의 의미가 강하다. 그러나 임진년에 발발한 일본에 의한 전쟁은 '란$_{亂}$'으로 치부하기에는 동아시아 삼국(명, 조선, 일본)에 너무나 큰 영향을 미쳤다. 전쟁이 끝난 후 명나라와 일본은 정권이 바뀌는 원인이 되었고, 조선은 엄청난 인적, 물적 피해를 보아 전쟁 후 100여 년 동안 전쟁 전 정도의 국력을 회복하지 못했다.

우리는 지금까지 우리 민족의 아름답고 뛰어난 문화적 가치와 긍지를 역사적 실체인 양 배워왔다. 조상들의 빛나는 문화유산을 접할 때마다 우리는 민족의 우수한 역량과 긍지를 마음속에 되새기면서 자긍심을 가지고 살아왔다. 그러나 우리 역사의 문화 외적인 면, 즉 외적의 침입에 대한 대비와 위정자들의 마음가짐을 살펴보면 많은 아쉬움이 남는다.

나는 우리 역사를 무조건 긍정적으로만 해석한다고 해서 바른 민족사가 정립된다고 생각하지 않는다. 올바른 역사를 후손에게 전해줄 때만이, 과거 외세로부터 당한 치욕적인 역사를 되풀이하지 않을 것이기 때문이다.

임진년(1592년 4월)에 발발한 조일전쟁과 병자년(1636년 12월)에 발발한 청나라의 침략전쟁은 어찌 보면 겪지 않아도 될 전쟁이었다. 지배층의 무능과 어리석은 아집, 정세 판단의 오류 때문에 조선 8도가 유린당하는 치욕을 겪었다.

1591년 일본에 통신사로 다녀온 정사 황윤길과 부사 김성일은 선조에게 자기 생각과 판단을 보고하였다. 황윤길은 도요토미 히데요시의 눈빛이 예사롭지 않고, 일본의 분위기가 심상치 않아 반드시 전쟁이 일어날 것이라 아뢰었지만, 김성일은 전쟁이 일어나지 않을 것이라 보고하였다. 선조는 실세한 서인들이 민심을 어지럽히고 있다 하여 황윤길의 의견을 배척하고 김성일의 의견을 받아들여 그의 벼슬을 올려주었으며, 지방에 내렸던 방비령도 해제하는 등의 정책을 펼쳤다. 결국, 통신사가 돌아와 보고한 후 1년 만에 일본은 미증유의 대군을 이끌

임진왜란과 병자호란

고 조선을 침공하고 말았다.

'무비유환無備有患'은 대비가 없으면 환란이 있다는 말이다. 적은 반드시 허점을 엿보아 침입하는 것이 만고의 법칙이다. 조선은 충분히 정세를 파악하고 대비할 만한 기회가 있었는데도 방심하거나, 귀찮게 여겨서 혹은 잘못된 판단으로 일본이라는 적을 스스로 불러들였다.

조선은 미처 대비하지 못한 병력으로 적을 맞아 싸웠다. 초기 전투인 부산진성 전투와 동래성 전투에서 일본군이 승리한 후 전투에 참여한 조선 군사뿐만 아니라 성안의 백성들과 어린아이까지 모조리 죽이니, 공포가 나라 전체를 집어삼켰다. 전쟁 초반에는 적의 조총 소리만 들어도 모두 다 혼비백산하여 싸움 한번 제대로 해보지도 못하고 평양까지 무기력하게 내몰릴 수밖에 없었다.

인조는 후금의 침입이 예상되는 상황에서 "누르하치는 하나의 도둑일 뿐인데 수천 리 넓은 땅인 우리나라에서 어찌 도둑 막을 사람이 없겠는가?"라고 장담하면서 후금의 동정이나 군사력을 알아보려는 노력을 전혀 하지 않았다. 그러나 누르하치는 '명나라를 멸망시키면 조선은 주머니에 든 물건과 같다'라고 말하며 조선을 폄훼하며 침략을 노골화했다.

조선은 청나라에 대응하는 문제에서도 명분파와 실리파로 나뉘어 분당을 일으키다가 끝내는 척화파와 주화파로 갈라졌다. 그리하여 사대주의자들은 오로지 의리 하나로 한 치 앞도 내다보지 못하고 정세 판단의 큰 오류를 범하고 말았다. 전쟁이 발발했을 때 임금은 편안하고 안전한 곳으로 피란避亂할 궁리만 하고 백성에게는 나라를 위해 목숨을 바치라며 사지로 내몰기만 하였다. 그러니 어찌 나라가 온전할 수 있겠는가?

그리하여 우리는 싸움을 주도할 수 없는 상황에서 항상 의도하지 않은 전쟁을, 준비되지 않은 군대를 가지고, 우리가 원하지 않는 시간과 장소에서 환란을 마주했다. 조정은 싸움에서는 비겁하고 말다툼에서는 용감한 사대부들이 전쟁의 지휘권을 잡고 있었으니, 말만 앞서고 정작 행동이 필요한 상황에서는 뒤로 빠지고 줄행랑을 치기 일쑤였다.

전란을 겪고 엄청난 희생을 치렀으면 다시는 그러한 우를 범하지 않아야 하는데, 한 세대만 지나면 아픔의 역사는 기억에서 모조리 사라져 버리고 말았다. 그렇게 매번 똑같은 실수를 범하고, 적의 공격이 예상되는데도 방어하지 못했다. 대부분의 전쟁에서 조선은 항상 전력의 열세를 안고 싸움에 임하였다. 과거의 아픔을 잊고 그럴듯한 명분만 내세우면서 백성들이 도탄에 빠지든지 말든지 내 알 바 아니라 한다면 그것은 나라라고 할 수 없다.

'천하수안 망전필위天下雖安 忘戰必危' 천하가 비록 태평하다고 해도 국민이 전쟁을 잊으면 반드시 위기가 온다는 뜻이다. 우리가 임진왜란과 병자호란의 참상을 생각해 보면, 아무리 현재가 태평한 시대라 할지라도 전쟁을 잊으면 반드시 위기가 도래한다는 말을 명심하고 평화를 위해 노력해야 할 것이다.

이 책은 과거의 경험에서 오늘을 사는 지혜를 얻고자 함이다. 역사에서 배움을 얻지 못하면 그 나라의 미래는 어둡고 불안하다. 지금 우리는 전쟁이 없는 시대를 살고 있지만 방심하고 경계를 게을리한다면 언제든 왜란과 호란 같은 치욕을 당할 수 있다. 책에서 전하는 내용을 탐독하여 내일을 위한 교훈으로 삼기를 기원한다.

2021년 12월
김수인

2장 / 전쟁 발발과 이순신의 활약

5장 / 남한산성과 병자호란

1장

국제 정세와 대외관계

01 선조와 오다 노부나가

1543년 8월 25일 정체불명의 선박 한 척이 일본의 다네가섬 서남단 가도쿠라곶門倉串으로 다가왔다. 중국인이면서 왜구의 두목이었던 왕직王直이 중국 닝보에서 출항했는데, 선원 가운데 포르투갈인 2명이 타고 있었다. 출항 후 배는 역풍을 만나 방향을 잃고 표류하다 규슈 가고시마현 다네가섬에 도착하였다. 두 명의 포르투갈인은 일본에 온 최초의 유럽인이었다.

이들은 그때까지 일본인들이 한 번도 보지 못했던 화승총을 가지고 왔다. 길이는 2~4척R이었고, 가운데는 뚫려있고 아래는 막혀 있었다. 하늘을 나는 새를 쏘아 맞혀서 떨어뜨릴 수 있는 능중비조能中飛鳥라는 의미에서 조총鳥銃이라 불렀다.

조총의 무시무시한 위력을 느낀 다네가섬의 영주는 포르투갈인들에게 많은 양의 은을 지급하고 화승총 두 자루를 구매했다. 조총을

임진왜란과 병자호란

얻자 이를 분해하고 설계도를 그려 조총을 양산하였고 수만 자루의 조총이 일본 전역으로 퍼지게 되었다. 그리고 이 신무기를 가장 적극적으로 사용한 다이묘가 바로 오다 노부나가織田信長이다.

당시 일본은 후계자 계승문제로 발발한 오닌의 난(1467년) 이후 여러 다이묘가 패권을 놓고 치열하게 싸우던 전국시대戰國時代였다. 그중 가장 강력한 세력은 동쪽의 다케다 신겐과 우에스기 겐신 그리고 호조 가문이었다. 이 세 가문은 서로 싸우느라 동쪽에서 서서히 세력을 확장해 나가는 오다 노부나가를 견제하기에 힘이 부쳐 지켜볼 수밖에 없었다. 결국 1575년 나가시노 전투에서 다케다 가문과 결전을 벌인 오다 노부나가는 3천의 조총부대를 활용해 다케다 가문이 자랑하던 기마 부대를 격파하면서 승리를 거두었고, 이로써 오다 노부나가는 일본 통일을 목전에 두게 되었다.

| 선조의 즉위와 사림의 분열

1567년 명종이 아들 없이 죽자 중종의 서자인 덕흥군의 셋째 아들인 이균이 명종의 뒤를 이어 조선의 14대 임금이 되었으니 이가 바로 선조이다. 그의 나이 16세였다. 선조는 명종의 아들이 아니었기 때문에 왕이 될 확률이 지극히 낮았다. 더구나 선조의 아버지 덕흥군은 사람들을 패고 다니는 망나니로 유명했고 주색에 빠져 이른 나이에 사망하였다. 하지만 명종은 아들이 없었기에 이복형이었던 덕흥군의 세 아들을 평소 눈여겨보았다. 어느 날 명종은 덕흥군의 세 아들을 불러서 자신의 익선관翼善冠을 써보라고 했는데, 시키는 대로 한 두 형과 달리 셋째인 이균은 왕의 익선관을 함부로 쓸 수 없다며 사양하였다. 이 일로 명종은 그를 총애하게 되어 선조는 조선 최초로 방계승통한 왕이 될 수 있었다.

선조가 즉위할 당시 조선에서는 유교가 꽃을 피우고 있었다. 선조는 유교를 숭상해서 유교 경전을 신하들과 공부하고 토론하는 경연을 자주 열었고, 조선의 왕 중 최고의 명필로 알려졌다.

선조는 대학자 퇴계 이황과 기대승을 조정으로 불러 정치에 참여시키려 했지만, 이들은 오래 버티지 못하고 낙향하고 말았다. 선조는 이들을 대신해 또 한 명의 인재를 기용하게 되는데 그가 바로 율곡 이이다. 이이는 신사임당의 아들로, 독학으로 아홉 번이나 장원급제하여 구도장원공九度壯元公이란 별칭을 얻을 정도로 수재였다. 어머니의 죽음이 그에게 큰 충격을 주어 방황하다 금강산에 들어가 몇 년간 불교를 공부했다. 이는 오랫동안 동인과 남인 등의 당인들에게 이단 학문에 빠졌다는 이유로 사상공세를 당하는 원인이 되기도 했다.

게다가 누구의 눈치도 보지 않고 자신의 주장을 펼쳤던 이이의 성격 때문에 다른 사람들로부터 많은 비판을 받았다. 이에 대해 류성룡도 이이에게 지나치게 따지고, 고치려 드는 성격이 문제라고 말할 정도였다.

당시 조정은 서인과 동인으로 나뉘어 갈등이 쌓이고 있었는데 서인으로는 대표적으로 윤두서, 정철 등이 있으며, 동인으로는 류성룡, 김성일 등 퇴계 이황의 제자들이 있었다. 이이는 어떤 붕당에도 섞이지 않고 중립적인 자세를 취했는데, 이러한 태도가 오히려 서인과 동인을 중간에서 통제할 인물로 이이가 중용되는 계기가 되었다.

선조의 신임을 얻어 병조판서에 오른 이이는 낡은 구습을 철폐하고, 국력을 키우기 위한 여러 가지 개혁안을 냈다. 이이는 선조에게 나라의 상황에 대해서 이렇게 말했다.

"오늘날 국사가 안으로는 기강이 무너져 백관이 직무를 수행하지 않고, 밖으로는 백성이 궁핍하여 재물이 바닥나고, 따라서 병력은 허약합니다. 무사히 날짜만을 보낸다면 혹 지탱할 수 있겠지만, 만약 전쟁이라도 난다면 반드시 무너져 다시 구제할 계책이 없을 것입니다. 대소 관원들은 오랫동안 태평한 세상에 젖어있어 우려할 만한 상황임을 모르고 있습니다."

이때 이이는 10만의 병사를 양성해서 전쟁에 대비하자는 10만 양병설을 주장했다고 알려졌는데, 전쟁 이후에 나온 「선조수정실록」에만 등장하기 때문에 이이가 사실 10만 양병설을 주장하지 않았다는 의견도 있다. 하지만 그가 나라의 미래를 걱정하며 외침에 대비할 것을 강하게 주장한 것은 사실이다.

불행히도 이이는 마흔아홉이라는 나이에 병으로 세상을 떠나게 된다. 그러자 이이가 추진했던 개혁도 없었던 일이 되어버렸다. 이때가 임진왜란이 발발하기 8년 전인 1584년이었다.

▪02 이순신의 강직함과 시련

　그즈음 거듭된 시련과 실패로 많은 좌절을 경험했던 한 중년의 무장이 아버지의 삼년상을 치르고 있었다. 그는 10년 뒤 전쟁사의 큰 획을 긋는 활약을 하게 된 이순신이었다.

　이순신은 1545년 한양의 건천동(지금의 중구 인현동 일대)에서 이의정의 셋째 아들로 태어났다. 훗날 그의 든든한 후원자였던 류성룡과 자신의 배척자였던 원균(1540년)과 같은 동네에 살고 있었다. 참고로 이순신이 류성룡과 어릴 때 알고 지냈다는 기록은 있지만, 원균과 알고 지냈다는 기록은 없다. 어릴 적 이순신은 건천동이 훈련원 부근이었기 때문에 자연스럽게 친구들과 병정놀이를 자주 했다.

　어느 날 어느 어른이 자신이 쳐놓은 진지를 넘어오자 이순신은 눈은 뒀다가 뭐하냐며 활로 그 어른을 쏘려고도 했다. 이때부터 어른들조차 이순신을 무서워했다고 한다. 이렇게 어렸을 적부터 말타기, 활쏘기 등 병정놀이를 즐기다가, 21세 되던 해인 1565년 보성군수 방진의 여식 방 씨와 혼인 후 뒤늦게 무인이 될 것을 결심하고 무예를 배우기 시작하였다.

1573년 28세가 된 이순신은 무과시험에 응시하게 되었는데 도중에 말이 넘어져 말에서 떨어지고 말았다. 다리가 부러지는 사고를 당했음에도 고통을 참고 다시 말에 올라 시험을 끝까지 치렀다고 한다. 그러나 무과시험에서는 낙방하고 말았다.

이순신은 다음 무과시험에 응시하기까지 4년이라는 시간을 기다려야 했고 다음 무과시험에서는 아슬아슬하게 합격할 수 있었다. 관직 생활을 하기에는 다소 늦은 나이인 32세였다. 이순신의 첫 근무지는 당시 최전방이라고 하는 함경도 삼수 고을이었다. 비록 말단 군관이었지만 맡은 임무를 훌륭하게 완수한 이순신은 능력을 인정받아 3년 뒤인 1579년 종8품인 훈련원 봉사로 승진하여 한양으로 돌아왔다. 하지만 이때 상관으로 있던 서익이 이순신에게 부당한 인사 청탁을 하였는데 이순신은 공정하지 못하다면서 청탁을 거절하였다. 이 일은 한양에서도 화제가 되어 당시 병조판서였던 김귀영이 이순신에게 자신의 딸(서녀)을 보내려 했지만, 이순신은 "내가 이제 벼슬길에 들어섰는데 어찌 권세가 집안의 딸에 의탁해 영화를 도모하겠나?" 하면서 제의를 거절하였다.

승진을 거듭한 이순신은 1580년 장군에 해당하는 종 4품의 수군 만호에 임명되어 전라남도 발포(고흥)에서 근무하게 된다. 이곳에서도 이순신은 훈련을 게을리하지 않고 맡은 임무를 빠짐없이 수행하여 이순신을 표적으로 한 잦은 검열에서도 지적당한 일이 없었다고 한다. 그러나 이순신이 한양에서 훈련원 봉사로 있을 때 이순신에게 원한을 품고 있었던 서익이 검열관으로 내려와 이순신을 점검했고 이순신이 군기를 제대로 관리하지 않는다는 거짓 보고를 올려 이순신을 파직시켰다. 이순신은 파직된 지 4개월 만에 종8품으로 복직되었다. 이순신에 대한 명성이 조정에까지 퍼져 당시 이조판서로 있던 이이가 류성룡을 통해 이순신을 만나려고 한 적이 있었다. 이이는 이순신과 같은 덕수 이씨였기 때문에 이순신에게 친밀감을 느꼈던 것 같다. 이순신은 이이를 만나라고 권하는 류성룡에게 이렇게 말하며 만남을 거절했다고 한다.

"저야 율곡과 같은 집안 출신이라 서로 만나게 되면 좋지만, 그가 인사 책임자로 있는 동안 만나게 되는 것은 옳지 못한 행동입니다."

1583년 이순신은 조선의 최북단이었던 두만강 지역에서 근무하게 되었는데, 때마침 여진족이 침략해 오자 이순신은 이들을 병사들이 매복해 있는 장소로 유인해 족장을 포함한 많은 여진족을 생포하는 대승을 거두었다. 이 일로 조정에서는 이순신에게 큰상을 내리려고 했지만, 이순신의 공적을 시기한 상관 김우서가 이순신이 상관에게 보고도 하지 않고 독단으로 행동했다는 장계를 올리자 조정에서는 이순신에게 내리려고 한 포상을 취소했다.

임진왜란과 병자호란

이듬해인 1584년 1월 이순신은 아버지 이의정이 세상을 하직했다는 소식을 듣고 관직을 버리고 고향인 아산에서 3년 상을 한다.

| 만력제와 명(明)의 혼란

한편 서쪽 명나라에서는 어린 황제 만력제가 국정에 힘쓰고 있었다. 명군의 자질을 갖췄다고 평가받고 있던 만력제는 상당히 의욕적이어서 많은 정책을 시도하였다. '만력중흥萬曆中興'으로 알려진 이 시기는 명나라의 국방은 안정되었고 해외로부터 막대한 양의 은이 유입되어서 상공업이 크게 발달하였다.

당시 어린 황제를 보필하던 재상이 황제의 스승이었던 장거정이었다. 그런데 장거정은 어린 만력제에게 무척이나 엄격한 스승이었다. 직접 교과서까지 만들어 가면서 어린 만력제를 열성적으로, 또는 학대에 가까울 정도로 가르쳤다. 책을 달달 외우게 하거나, 상당히 금욕적인 생활을 강조해 그림 그리는 것조차 금했다고 한다. 그러면서도 장거정은 신하로서는 도가 지나칠 정도로 처신이 오만하고 불손해서 그의 행동은 만력제한테는 거의 횡포에 가까운 수준이었다.

그러나 1582년 장거정이 사망하자마자 장거정의 부정축재 사실이 폭로되었고, 뒤에서 엄청난 양의 부를 은닉했다는 것을 알게 되었다. 자기에게는 청렴한 생활을 강요하면서 본인은 부패하였던 장거정의 이중적 모습에 만력제는 심한 배신감과 모멸감을 느끼게 된다. 그리하여 만력제는 죽은 장거정을 부관참시하고 남은 가족들까지 죄를 물어 죽였다.

그 이후 만력제는 이렇다 할 인재를 찾지 못했고 주색에 빠져 지냈다. 태자를 책립하는 문제로 조정 대신들과 갈등이 심화되자, 극단적인 행동을 하기에 이른다. 바로 황제업무 태업이었다. 그리하여 30년 동안 황제업무를 기피하고 궁 문을 나오지 않았다고 한다. 황제업무 태업으로 정치를 등한시하자 조정은 인재 적체와 모든 기구가 작동을 멈추는 기현상이 벌어졌고, 여기에 서북, 서남, 조선에서 대규모 전쟁이 발발하자 국가의 재정은 순식간에 바닥나 버렸고, 명나라가 점차 쇠퇴하는 결정적 원인이 되었다.

만력제는 황제업무를 태업하면서 기행적인 방법으로 스트레스를 풀기 시작했다. 바로 궁의 내시와 궁녀들을 때려죽이는 일이었다. 만력제는 재위 기간 중 무려 1000여 명 이상의 내시와 궁녀들을 채찍이나 몽둥이로 때려죽였는데 이것은 거의 1주에 한 명꼴로 죽인 것이었다.

03 붕당의 대립과 두 번의 사화

1589년 조선에서도 1,000여 명이 죽는 사건이 발생하였다. 이 피바람을 주도한 인물은 바로 선조였다. 1584년 붕당 간에 화합에 힘썼던 이이가 죽자 서인과 동인 사이에 갈등은 점점 극단으로 치달았다.

사실 처음부터 붕당의 갈등이 극에 달한 것은 아니었다. 조선 초기부터(세조 때) 중기까지(명종 말에서 선조 초) 훈구파(관학파)가 정권을 가지고 있었다. 중종 때 훈구파의 세력이 너무 비대해져 견제 차원에서 유학파 출신의 사림파를 등용한 것이 사림파의 등장 배경이었다. 조광조가 중심이 된 사림파는 중종의 지원을 받아 여러 개혁 정치를 단행하면서 서서히 조정을 장악해 나갔다.

사림파에게 권력을 빼앗기는 데 두려움을 느낀 훈구세력들은 모략을 꾸몄고 어느 날 후궁을 시켜 중종에게 나뭇잎을 보여준다. 나뭇잎에는 주초위왕走肖爲王이라는 글씨가 쓰여 있었다.

즉 조(趙)씨가 왕이 된다는 의미였다. 나뭇잎에 미리 꿀을 발라 벌레가 이것을 파먹게 한 것이었다. 주초위왕(走肖爲王)의 조씨가 조광조라고 의심한 중종은 조광조에게 사약을 내렸고, 그를 따랐던 많은 사림파 신하들 또한 힘을 잃게 된다. 1519년에 일어났던 이 사화를 기묘사화라 부른다. 하지만 얼마 후 왕위에 오른 선조가 사림파 인재를 적극적으로 등용하게 되었고, 퇴계 이황과 조식, 이이의 제자들이 중심이 된 사림파들은 마침내 훈구(관학파)세력들을 몰아내고 조정의 정권을 잡게 된다.

사림파도 권력을 잡은 지 얼마 되지 않아 서인과 동인으로 나뉘게 되는데, 당시 청렴한 사람으로 유명했던 김효원이 정5품 이조 전랑으로 천거되었다. 이조 전랑은 출세가 보장된 자리였기 때문에 벼슬길에 들어선 사람들은 누구나 탐내는 자리였다. 하지만 김효원이 과거에 간신으로 유명했던 윤원형의 집에 기거했다는 사실을 심의겸이 문제 삼으면서 김효원이 이조 전랑이 되는 것을 반대하였다.

심의겸은 명종의 왕비였던 인순왕후의 남동생으로 외척이긴 했지만, 훈구파의 공격으로부터 사림파를 적극적으로 보호했던 인물로 사림인들 사이에 좋은 평판을 얻고 있었다. 심의겸의 반대에도 불구하고 김효원은 이조 전랑에 올랐고, 얼마 후 자신의 후임자를 정하게 되었다. 공교롭게도 후임자로 심의겸의 동생 심충겸이 천거되었는데, 김효원은 심의겸과 심충겸이 외척이라는 근거를 대어 반대하게 되었다. 이것을 정치보복이라 생각한 심의겸은 김효원과 대립하게 된다.

이렇게 사림파는 이조 전랑 자리를 놓고 둘로 나뉘게 되는데, 심의

임진왜란과 병자호란

겸의 집이 궁궐에서 서쪽인 정릉에 있었고, 김효원의 집은 궁궐에서 동쪽인 건천동(오늘날의 인현동)에 있어 서쪽에 있는 심의겸을 지지하는 자들을 서인, 동쪽에 있는 김효인을 지지하는 자들을 동인이라 부르게 되었다. 서인은 동인보다 수적으로 열세했기 때문에 중립을 지키고 있던 이이, 성혼 같은 인물들도 서인이라 불렸고, 결과적으로 이들의 제자들까지도 서인으로 분류되었다.

당파에 속하지 않고 중립을 지켰던 대표적인 인물로는 오성과 한음으로 잘 알려진 이항복과 이덕형이 있다. 이항복은 율곡 이이의 제자였던 이유로 서인으로 분류되었고, 이덕형은 동인에 가까웠지만, 이 둘은 당파를 뛰어넘는 우정을 나누었다.

율곡이 죽자 동인은 서인을 상대로 본격적인 공세를 시작한다. 동인은 수적으로 서인을 압도했으며, 선조마저도 동인 편을 들었기 때문에 서인은 점차 정권에서 밀려나 세력을 잃고 있었다. 서인의 중심인물이었던 심의겸이 파직되었고, 그 외 많은 서인이 실각했다. 하지만 이런 상황을 순식간에 반전시킨 일이 있었는데 바로 정여립의 역모 사건이었다.

| 정여립 모반사건과 기축사화

전주의 명문 가문에서 태어난 정여립은 어려서부터 영특하고 언변이 뛰어났지만 잘 흥분하는 과격한 인물로 알려져 있다. 「조선왕조실록」에

는 정여립이 7세였을 때 새를 부리에서 발톱까지 토막 내 죽였는데 여종이 그것을 보고 정여립의 부친에게 일러바치자 정여립이 여종의 방에 몰래 들어가 여종의 배를 갈라 죽였다는 기록이 있다. 정여립은 이후에도 아랫사람이 잘못할 때마다 몽둥이로 때려죽였다고 하는데 아버지도 두려워서 말리지 못했다고 한다. 하지만 정여립이 모반을 일으켰기 때문에 실록에서 의도적으로 정여립을 부정적으로 묘사했다는 주장도 있다.

정여립은 처음에는 율곡 이이와 성혼의 가르침을 받았지만 율곡 이이가 사망하고 동인의 세력이 우세하자 동인에 가담하여 이유 없이 이이를 비롯한 서인의 영수인 박순, 성혼 등을 비판하기 시작했다. 선조는 정여립이 스승을 욕보인다고 생각해 그를 못마땅하게 여겼다.

선조의 미움을 사 고향 전주로 내려간 정여립은 그곳에서 많은 유생과 교제하는 사이 강력한 구심점 역할을 하면서 대동계大同契라는 사조직을 만들어 근방에 노략질을 일삼던 왜구를 쳐부술 정도의 군사력을 갖추게 되었다.

정여립은 급진적이고, 반체제적인 사상을 갖고 있어서 '천하는 모두의 것인데 어찌 일정한 주인이 있겠는가?'라는 의미의 천하공물설天下公物說을 문자로 남겼다고 한다. 이는 왕을 부정하는 말이었기 때문에 당시로써는 대단히 위험한 사상이었다. 과연 얼마 후 정여립이 전라도와 황해도의 세력을 일으켜 역모를 꾸미고 있다는 소식이 선조에게 전해졌고 선조는 즉시 관군을 보내 정여립을 추격했다. 죽도(진도군)까지 도망간 정여립은 관군에 완전히 포위되자 자살하고 말았다. 이때 정여립의 모반사건에 연루된 자들도 체포되어 처형되었다.

정황상 정여립이 역모를 꾸몄다고 볼 수 없다는 주장도 있지만, 동시다발적으로 여러 인물이 정여립이 역심을 품고 있다고 보고했고, 또한 함께 모의했다고 혐의를 시인하는 소수의 사람까지 나오자 정여립의 역모 사건은 부정할 수 없는 사실이 되었다.

선조는 역모에 연루된 자들을 모조리 잡아들이라고 명했다. 또한, 정여립이 동인이었다는 이유로 동인들을 표적으로 삼아 조사하였다. 그러자 그동안 동인으로부터 서러움을 겪고 있었던 서인 세력이 실권을 차지했고 동인에게 복수할 기회를 잡았다. 서인을 대표해 심문을 담당했던 인물은 관동별곡, 사미인곡, 속미인곡을 지은 정철이었다.

이항복은 정철에 대해 그가 반쯤 취해서 즐겁게 손뼉을 마주치며 이야기 나누는 모습을 보면 '마치 하늘나라 사람인 것 같다'라고 했다. 하지만 심문에 나타난 정철은 그의 시처럼 서정적이거나 이항복이 표현한 것처럼 하늘에서 내려온 사람 같은 모습이 아니었다. 오히려 저승사자의 모습 같았다고 한다.

초기의 정철은 정여립의 역모 사건에 직접 연루된 사람들 위주로 심문했지만, 심문 과정에서 점점 더 수사대상을 동인으로 확대하여 동인 중 정여립과 친한 인물인 이발, 이길 형제를 포함하여 많은 동인이 모진 심문을 받았고, 이중 대다수가 고문을 견디지 못해 죽거나 옥사하였다. 하지만 선조는 정철을 말리기는커녕 더 철저한 조사를 요구하여 심문대상도 남녀노소 구별 없이 실시하였다.

　이때 이발의 여든 살 노모가 곤장을 맞아 죽었고, 그의 열 살 아들도 고문으로 죽게 되었다. 김빙이라는 사람은 바람이 불면 눈물을 흘리는 눈병을 앓고 있었는데, 정여립의 시신에 형을 더하는 자리에 참석하였다가 때마침 불어오는 찬 바람에 눈물을 흘리게 됐고, 이로 인해 정여립과 같은 패거리라 의심받아 고문을 받고 억울하게 죽었다고 한다.

　대표적인 동인 중 한 명이었던 류성룡 또한 조사대상이었지만 선조의 개입으로 심문당할 위기에서 겨우 벗어나게 되었다. 정여립의 역모사건과 관련된 고문은 2년 이상을 끌게 되었고, 그동안 고문으로 죽은 사람만 천여 명이고 오백여 명은 유배길에 올랐다. 기축사화로 알려진 이 사건으로 동인 쪽 호남사람들이 몰락하였다. 전라도 지방은 역모가 일어난 지방으로 찍혀 한동안 그곳 사대부들의 중앙정계 진출이 어려워졌다.

　국문을 주도한 정철 또한 1591년 세자책봉 문제가 빌미가 되어 선조의 노여움을 사 파직되었다. 정철의 처리 문제로 사림파는 또 한 번 나뉘게 된다. 정철을 죽여야 한다고 주장한 쪽을 북인, 살려야 한다고 주장한 쪽을 남인이라 한다. 이렇게 조선에서 분열과 당쟁이 거듭되고 있는 사이, 일본은 착실히 전국통일을 향해 나아가고 있었다.

04 도요토미 히데요시의 일본 전국통일

1575년 나가시노 전투(오다 노부나가와 도쿠가와 이에야스 연합군 38,000명 vs 다케다 가쓰요리 군 15,000명)에서 다케다 가문을 상대로 승리를 거둔 오다 노부나가는 빠르게 세력을 확장하고 있었다. 하지만 오다 노부나가의 독주에 제동을 건 인물이 있었으니 바로 전쟁의 신으로 불리는 우에스기 겐신이었다.

우에스기 겐신은 전장에서의 능력뿐만 아니라 인품마저 훌륭하여 평생의 경쟁자였던 다케다 신겐을 비롯하여 많은 이들로부터 존경을 받았다 한다. 한마디로 우에스기 겐신은 전국시대 최고의 인물이었다. 오다 노부나가의 세력 확장에 위협을 느낀 우에스기 겐신은 반(反) 노부나가 세력과 손을 잡고 공격을 개시하였다. 무서운 속도로 진격한 우에스기 겐신은 데도리가와 전투에서 수적으로 우세한 오다 노부나가 군을 상대로 대승을 거두었고, 오다 노부나가 세력은 와해 될 위기에 처했다. 그런데 우에스기 겐신은 화장실에서 볼일을 보다가 뇌졸중으로 사망하고 말았다. 그는 평소 술을 즐겨 마셨고 음식을 짜게 먹는 습관이 있었는데 이것이 뇌졸중으로 사망하게 된 원인이었다. 우에스기 겐신의 사망 소식은 오다 노부나가에게는 엄청난 행운이었다. 가장 큰 위협이었던 우에스기 겐신의 죽음 이후 오다 노부나가는 4년 동안 다른 세력들을 하나하나 굴복시켜 나갔다.

1582년 여름 다케다 가문을 멸망시킨 것을 축하하기 위해 오다 노부나가는 자신이 가장 믿었던 동맹 도쿠가와 이에야스를 초대해 잔치를 베풀었다. 그리고 부하 중 한 명이었던 아케치 미쓰히데에게 이에야스를 접대하게 하였다. 하지만 잔치 도중 서쪽의 모리 가문이 군을 일으켰다는 소식이 들려오자 곁에 있던 아케치 미쓰히데에게 군을 주어 서쪽으로 진격할 것을 명하고, 자신도 교토로 돌아가 혼노지本能寺 절에 머물게 된다. 그런데 평소 오다 노부나가에게 불만을 품고 있던 아케치 미쓰히데는 서쪽으로 진격하여 모리 가문의 군과 대적하는 대신에 군을 돌려 교토로 달려 혼노지 절에 머물고 있던 오다 노부나가를 향해 "적은 혼노지에 있다!"라며 군에 공격을 명령하였다.

수행원 100여 명과 함께 있던 오다 노부나가는 용감히 싸웠지만 아케치 미쓰히데 병력 앞에 허무하게 패하여 왼쪽 어깨에 총알의 관통상을 당하여 거의 죽게 되자 혼노지 절에 불을 질렀고 또한 자신의 배를 갈랐다. 전쟁이 끝난 후 오다 노부나가의 시신을 찾을 수 없었으며, 우에스기 겐신과 함께 오다 노부나가도 허망한 죽음을 맞이했다.

　　　　　　　　　　　　　　　　　　　임진왜란과 병자호란

오다 노부나가를 죽이는 데 성공한 아케치 미쓰히데는 인근에 머물고 있었던 도쿠가와 이에야스를 잠재적 위협으로 생각하고 그를 죽이기 위해 혈안이 되어있었다. 하지만 이에야스는 전설적인 닌자 핫토리 한조의 도움을 받아 가까스로 탈출해 자신의 영지로 돌아올 수 있었다.

한편 오다 노부나가의 오른팔이었던 한 인물에게 오다 노부나가가 사망했다는 급보가 도착하였다. 그의 이름 도요토미 히데요시豊臣秀吉였다.

전국통일全國統一을 목전에 두고 있었던 오다 노부나가는 아케치 미쓰히데의 기습으로 비참한 최후를 맞이하였고 쿠데타에 성공한 아케치 미쓰히데는 빠르게 수도 교토를 장악했지만 도쿠가와 이에야스가 닌자의 호위를 받으면서 탈출하는 것을 막지는 못했다.

동쪽에서 이에야스가 오다 노부나가의 남은 세력을 모아 교토로 진격한다면 미쓰히데는 승리를 장담하기 어려운 상황이었다. 하지만 이에야스보다 더 큰 위험이 서쪽에 도사리고 있었으니 그가 바로 도요토미 히데요시였다.

1536년생으로 예수회 선교사 프로이스의 글에 따르면 도요토미 히데요시는 미천한 신분에서 시작하여 스스로 힘으로 가장 높은 자리까지 올라간 뛰어난 인물이었다. 맡은 임무에서 항상 기대 이상의 결과를 냈으며, 결국 오다 노부나가의 눈에 띄어 중용되기 시작했다.

도요토미 히데요시는 사이토 가문과의 전쟁에서 두각을 나타냈는데 함락시키는 데 애를 먹고 있던 이나바 산성 공격을 히데요시에게 맡기자 온갖 수단을 동원해 성을 빠르게 함락시켰다고 한다. 도요토미 히데요시의 활약 덕분에 사이토 가문과의 전투에서 승리를 거둔 오다 노부나가는 전국통일의 기반을 마련할 수 있었고, 도요토미 히데요시는 시바타 카츠이에와 함께 오다 노부나가가 가장 신뢰하는 가신이 되었다.

오다 노부나가가 사망했다는 소식을 들은 도요토미 히데요시는 군을 돌려 교토로 향했고 야마자키 절에서 아케치 미쓰히데 군과 대전을 벌렸다. 히데요시가 이렇게 빨리 군을 돌려 진군할 줄을 예상하지 못했던 아케치 미쓰히데에게는 도요토미 히데요시의 4만 병력의 절반에도 미치지 못하는 병력 1만5천 명밖에 없었다. 결국, 아케치 미쓰히데는 전투에 패해 죽게 되었다. 오다 노부나가를 죽이고 쇼군이 되겠다는 아케치 미쓰히데의 욕망은 3일 만에 끝나 버렸다. 교토를 장악한 도요토미 히데요시는 강력한 경쟁자였으며, 평소 노부나가가 가장 신뢰했던 시바타 카츠이에와 결전을 벌여 승리했고, 여세를 몰아 그에게 반기를 들은 도쿠가와 이에야스의 항복을 받아 냈다.

1590년 도요토미 히데요시는 21만 명의 병력을 동원해 마지막까지 그에게 저항했던 호조 가문을 멸망시켜버렸다. 이로써 도요토미 히데요시는 120년 전국시대戰國時代의 막을 내리고 통일을 이룩하게 된다. 그런데 도요토미 히데요시에게는 한가지 고민이 생겼는데, 전국통일과 동시에 수십만의 병력과 장수들이 실업자가 될 위기에 직면하게 된 것이다. 그런 일들로 그의 가신들이 자신에게 불만을 품고 대항한다

임진왜란과 병자호란

면 문제가 될 것이 뻔했다. 또한, 일본에서는 미천한 신분 출신이었던 도요토미 히데요시가 어부지리로 일본을 통일했다는 인식이 있었기에 그는 더 큰 업적을 쌓아 자신의 입지를 굳건히 할 필요가 있었다.

일본사를 쓴 예수회 선교사 루이스 프로이스에 따르면 도요토미 히데요시는 가신들에게 종종 이렇게 말했다고 한다.

"나는 이미 명예, 부, 권력, 영화를 다 얻었다. 하지만 내가 원대하고 거창한 어떤 과업을 이루려고 하지 않는다면 그동안 쌓았던 권력, 영화는 과거의 보잘것없었던 때로 돌아갈 것이 불 보듯 뻔하다."

결국, 도요토미 히데요시는 전국통일에 안주하지 않고 대규모 해외원정海外遠征이라는 도박을 결심하게 된다.

05 여진족과 누르하치의 등장

당시 한반도의 북쪽 만주 땅에는 세 개의 큰 여진족 부족이 있었다. 바로 건주여진_{建州女眞}, 해서여진_{海西女眞}, 야인여진_{野人女眞}이었다. 이 여진족들은 다시 14개의 수많은 작은 부족으로 나뉘어 생활하고 있었다.

여진족 지형

임진왜란과 병자호란

과거 금나라를 세워 북쪽 지역에서 큰 위세를 떨친 여진족이었지만 여러 부족으로 나뉘어 있었기 때문에 조선이나, 명나라에 의해 철저하게 짓밟히고 있었다.

여진족이 힘을 합치는 것을 경계했던 명나라는 정치적 통제 외에도 경제적 통제 수단을 교묘히 활용해서 여러 여진족이 하나로 뭉치고 세력화하는 것을 막기 위해 부족들이 서로 싸우게 하는 반간계反間計 전략을 펼치고 있었다. 명 조정은 상인들끼리 교역하는 장소를 엄격히 제한했을 뿐만 아니라, 명나라 황제의 칙서를 소지한 여진족 유력자에게만 교역을 허가했다.

이러한 명의 지배정책에 정면으로 도전한 인물이 건주여진 출신의 왕고였다. 누르하치의 외조부로 알려진 왕고는 1574년 부족의 병력 3,000명을 이끌고 랴오양과 선양을 공격하였다. 고분고분하지 않은 자신에게 명明이 교역을 금지한 것에 대한 반감을 행동으로 옮긴 것이다.

| 누루하치의 건주여진 통합

1570년 명나라 장군 이성량이 요동 총병관으로 임명되었다. 이성량의 고조부는 조선사람 이영이었는데 이영은 조선에 있을 때 살인죄를 저질러 명나라로 도망간 인물이었다. 당시 이성량은 용맹한 장군으로 명나라를 쳐들어온 몽골 기병을 물리친 전공이 있어 명나라의 명장 척계광과 더불어 남쪽에는 척계광, 북쪽에는 이성량 이라는 의미의 남계 북이로 불리고 있었다. 그리고 이성량의 아들이 임진왜란壬辰倭亂 때 참전한 이여송이었다.

6만 대군을 이끌고 요동 지방에 도착한 이성량은 꾸준히 세력을 넓히면서 명나라와 충돌을 일으켰던 왕고를 공격한다. 왕고는 누르하치의 외고조부였고 누르하치의 아버지인 탁시와 할아버지 기오창가는 처음에는 왕고와 같은 편에서 싸움을 이어 갔지만 이성량의 6만 대군에 승산이 없다는 것을 알고 왕고를 배신하고 이성량의 편에 서게 된다.

탁시와 기오창가는 이성량에게 적극적으로 협조했고, 패주한 왕고는 1년 뒤 체포되어 북경으로 압송되어 처형당한다. 이때 누르하치의 나이가 15세였는데 이성량의 눈에 띄어 그의 휘하에 들어가게 된다. 누르하치는 이성량의 휘하에서 많은 공을 세웠고, 이성량은 누르하치를 각별하게 여긴 만큼 누르하치 또한 이성량의 휘하에서 많은 것을 배웠다고 한다. 왕고가 죽은 후 7년 뒤 1583년 왕고의 아들 아대가 아버지의 죽음을 복수하기 위해 병력을 일으켰다. 이성량은 누르하치의 아버지 탁시와 할아버지 기오창가를 아대에게 보내 항복할 것을 권하게 되는데, 아대는 항복하는 대신 이들을 인질로 사로잡아 버렸다. 그런데 이성량의 군대가 아대 군軍 병사들을 토벌하는 과정에서 누르하치의 아버지 탁시와 할아버지 기오창가가 명나라군에게 살해당하는 일이 발생하고 말았다.

동족이었던 건주여진을 배신하고 명나라를 위해 싸웠음에도 오히려

임진왜란과 병자호란

아버지 탁시와 할아버지 기오창가가 죽임을 당한 모습을 본 누르하치는 격분하였다. 하지만 명나라에 복수하기에는 누르하치 자신의 힘이 턱없이 부족한 것을 깨닫고 명나라에 탄원서를 제출해 아버지와 할아버지의 억울한 죽음을 항의하였다. 이성량 또한 그것이 명백한 우발이었다는 것을 인정하고 사과하는 의미로 누르하치에게 건주독지위사라는 지위를 내림과 동시에 여러 가지 특혜를 베풀어 주었다. 이로 인해 누르하치는 모피, 진주, 산삼 등 무역권을 쥐고 막대한 부를 이룰 수 있었다. 이러한 부의 축적으로 누르하치는 서서히 세력을 키워 주변 세력들을 하나씩 복속하였다. 이 과정에서 누르하치는 여진족 공공의 적이 되어 여러 번 죽을 고비를 당했지만, 매번 기지를 발휘하여 위험에서 벗어났다고 한다. 1589년 누르하치는 마침내 건주여진을 통합하게 된다.

06 통신사 파견과 조선의 대응

한편 일본에서는 도요토미 히데요시가 명나라를 정복하겠다征明假道
는 야심을 품고 해외원정海外遠征을 준비하고 있었다. 1591년 히데요시
는 나고야에 전진기지를 만들고 침공에 필요한 선박을 건조하고 물자
를 비축했다.

당시 일본 귀족들은 도요토미 히데요시에 대한 두려움 때문에 어쩔
수 없이 협조하고 있었지만, 히데요시의 야심에 내심 불만을 가진 자
들도 많았다고 한다. 게다가 이들은 다른 나라와 전쟁을 치른 경험이
없었기 때문에 큰 두려움이 있었다고 한다. 낯선 왕국이나 외국 땅에
서 수많은 고생을 할 바에야 차라리 일본에서 자살하겠다는 사람도
있었다고 한다. 사실 조선이 일본을 모르는 것처럼 일본 또한 조선을
모르기는 마찬가지였다. 히데요시는 명나라인들이 해안가에서 왜구
를 만나면 도망친다는 보고를 받고, 명나라를 얕보았고, 조선은 대마

도에 조공을 바치는 속국 정도로 생각하고 있었다.

1586년 다치바나 야스히로가 히데요시의 편지를 갖고 조선에 도착하였다. 편지에는 매번 일본이 사신을 보내는데 조선의 사신이 일본에 오지 않으니 조선이 일본을 무시한다는 것이라면서 일본에 사신을 파견할 것을 요청한다는 내용이 적혀 있었다. 야스히로는 반백에 쉰 살 정도 되는 인물로 류성룡이 기록한 「징비록」에 따르면 행동거지가 매우 거만했다고 한다. 야스히로는 사신을 맞이하기 위해 창을 들고 길 양쪽에 늘어선 조선군들의 복장을 보고는 "너희들의 창 자루가 매우 짧다"라며 비웃었다고 한다.

한양에 도착한 야스히로를 위해 예조판서가 잔치를 열었는데 야스히로가 자리 위에 후추를 흩뿌리자 기생과 악공이 서로 후추를 주우려고 다툼이 벌어졌다고 한다. 이것을 본 야스히로는 탄식하며 "너희 나라는 망했다"라고 중얼거렸다고 한다. 또한 "기강이 이미 무너졌는데 어찌 조선이 무너지지 않겠는가?" 하였다.

한편 조선 조정은 바닷길을 모른다며 사신 보내기를 거절하였다. 아무 성과도 없이 돌아온 야스히로를 보고 분노한 도요토미 히데요시는 야스히로와 그의 일가족을 죽였다. 1589년 도요토미 히데요시는 대마도의 영주였던 승려 겐소와 요시토시를 조선에 보내 다시 한 번 사신을 요청하였다. 소 요시토시는 임진왜란 때 왜군의 선봉에 섰던 고니시 유키나가의 사위였고 장인의 영향을 받아 독실한 천주교도였다. 대마도는 수입 대부분을 조선과의 무역에 의존하기 때문에 소 요시토시의 처지에서는 어떻게든 전쟁을 막아야 하는 입장이었다.

「징비록」에서는 소 요시토시에 대해서 '나이가 어렸지만 날쌔고 용감하여 왜인들이 모두 그를 두려워한다'라고 묘사했다. 소 요시토시는 바닷길을 안내해 줄 테니 사신을 보내주기를 요청한 후 과거 왜인이 노략질할 때 앞잡이 역할을 한 조선인들을 잡아 바쳤다. 조선은 사신을 보내지 않을 명분을 찾지 못하자 오랜 논의 끝에 정사 황윤길(서인), 부사 김성일(동인)을 요시토시와 함께 통신사로 보냈다.

김성일은 동인으로 대궐의 호랑이라고 불릴 정도로 강직한 인물이었다. 어느 날 선조가 김성일에게 자신이 중국의 왕 중에 누구와 닮았는지 묻자 학문에서는 요 임금과 같지만, 정치로 보면 폭군인 주 임금과 같다고 대답했다. 주왕은 중국 역사에서 역대급 폭군으로 손꼽는 인물이었다. 이 발언은 굉장히 위험한 발언이었다. 다행히 다른 신하들이 김성일의 발언을 좋게 포장해주어 처벌은 피할 수 있었다고 한다. 일본으로 떠나기 전 소 요시토시는 감사의 의미로 공작새, 조총을 선물로 줬다. 조총이 조선에 들어온 것은 이때가 처음이었다.

일본으로 건너간 사신들은 몇 달을 기다린 끝에 도요토미 히데요시를 만날 수 있었다. 당시 히데요시가 마지막 남은 호조 가문을 공격하고 있었기 때문이다.

처음 히데요시를 만난 사람들은 '도요토미 히데요시는 용모가 왜소하고 비루하였으며, 얼굴빛이 검어 특이한 점은 없었지만, 다만 눈빛이 반짝여서 사람을 쏘는 것 같았다'라고 기록했다. 사신들을 맞이한

임진왜란과 병자호란

히데요시는 갑자기 자리에서 일어나 어린아이를 데려왔는데 어린아이가 히데요시 무릎에서 오줌을 싸자 히데요시가 크게 웃었다고 한다. 이 어린아이가 히데요시가 노년에 얻은 도요토미 츠루마츠였다.

이 아이는 이듬해인 1591년 병으로 사망하였다. 어린 아들의 사망이 조선을 침공하는 데 영향을 미쳤다는 설도 있는데, 얼마 후 사절단은 선조에게 보내는 히데요시의 서신을 받게 되었다. 서신을 미리 읽어본 이들은 큰 충격에 빠진다. 서신 내용은 대략 이러했다.

'일본의 관백 히데요시는 조선의 국왕 합하에게 바칩니다. 60여 주로 분리된 일본을 내가 모두 통일했습니다. 어머니께서 저를 잉태하였을 때 해가 품속으로 들어오는 꿈을 꾸었습니다. 이토록 기이한 징조로 말미암아 천하를 평정하게 되었는데 조정의 성대함과 수도의 장관이 오늘날보다 더한 적이 없었습니다. 사람이 오래 산다 해도 백 년을 넘지 못하는데 어찌 답답하게 이곳에만 머무를 수 있겠습니까? 나는 곧바로 명나라를 정복해 억만년 일본의 지배를 받게 할 생각입니다. 조선이 앞장서서 입조(속국이 상국의 왕을 알현)한 것은 앞일을 깊이 헤아린 처사이므로 이제는 근심하지 않으셔도 됩니다. 내가 명나라를 공격할 때 사졸을 거느리고 온다면 이웃으로서의 맹약이 더욱 굳게 될 것입니다.'

즉 히데요시는 조선이 자진해서 사신(통신사)을 보낸 것을 속국이 된 것으로 착각한 것이었다. 결국, 소 요시토시의 거짓말에 히데요시가 넘어간 것이다.

| 통신사의 두 가지 다른 보고

선조는 한양으로 돌아온 황윤길과 김성일에게 왜구가 과연 조선에 침공할 의도가 있는지 물어보았다. 황윤길은 "반드시 왜구가 침공할 것입니다"라고 말했다. 반면 김성일은 일본에서 그러한 정황은 보지 못했으며, 오히려 황윤길이 전쟁을 언급하여 민심을 어지럽힌다고 공격하였다. 동인이었던 김성일이 서인 황윤길과 대립 관계에 있었던 관계로 김성일이 일부러 전쟁 가능성을 일축했다는 설도 있다.

통신사에서 돌아온 대신들이 서로 다른 견해를 보이자 선조는 옆에 있던 류성룡에게 어떻게 생각하는지 물었고, 류성룡은 같은 동인 출신인 김성일 말을 두둔하여 "설령 도요토미 히데요시가 전쟁을 일으킨다고 하더라도 두려워할 것 없습니다"라고 대답했다. 하지만 이후 김성일을 만난 류성룡은 만약에 실제로 전쟁이 일어나면 어쩔 셈인지 묻자 김성일은 "제가 어떻게 왜인이 침략하지 않으리라는 것을 알 수 있겠습니까? 다만 황윤길의 말이 너무 강경하여 나라 안의 민심이 동요할까 걱정되어 그렇게 말한 것입니다"라고 대답했다.

이후 조정에서는 도요토미 히데요시가 명나라를 침략하려 한다는 사실을 명나라에 보고할지를 두고 논의가 이루어진다. 징비록에서는 류성룡만이 반대를 무릅쓰고 명나라에 보고해야 한다고 했으나, 다른 기록인 이긍익의 「연려실기술」에는 '류성룡은 반대하고 당시 서인 윤두수 등은 보고하자고 하였다'라는 기록이 있다. 류성룡의 징비록

임진왜란과 병자호란

에는 자기가 홀로 일본의 실정을 중국에 알리자고 말했다고 한다. 이 일을 두고 윤근수는 "류성룡이 기록한 것은 공평하지 못하다. 모든 잘된 일은 다 자신의 공으로 돌렸다"라고 말한다.

결국, 조정에서는 명나라에 사신을 보내기로 했는데, 명나라에서는 이미 일본 남쪽의 류큐 왕국과 일본에 포로로 잡혀있던 명나라 사람들이 일본의 정황을 알려와 대충 상황을 파악하고 있었다. 하지만 조선에서 아무런 연락이 없자 명나라 조정에서는 조선이 일본과 공모하는 것이 아닌가 하는 의구심이 퍼져있었는데 명나라 제상 허국은 조선이 배신할 리 없다고 주장하였다고 한다. 조선의 사신들이 도착해 왜구의 상황을 알리자 허국은 크게 기뻐하였고, 명나라 조정도 의심을 풀었다고 한다. 허국은 25년 전인 1567년 사신의 자격으로 조선을 방문한 적이 있어 조선에 매우 호의적인 인물이었다고 한다.

황윤길의 경고에도 불구하고 김성일의 의견이 채택되었지만, 조선이 아무것도 하지 않은 것은 아니었다. 조정에서는 훈련을 강화하고 각 지역에 성곽을 수리하라는 명령을 내렸다. 하지만 조선에서는 오랫동안 전쟁 없이 평화로운 시대를 보냈기에 이러한 조정의 군비 강화 정책에 대한 백성들의 노골적인 불만도 쌓여 갔다.

류성룡이 전쟁 직전 친구에게 받았다는 서신 내용에는 '성을 쌓는 것은 계책이 아니다. 또한, 앞에는 강물이 가로막고 있는데 왜적이 이를 건널 수 있는가. 왜 쓸데없이 성을 쌓아 백성들을 고단하게 하는가?'라고 쓰여 있었다. 넓은 바다를 건너 쳐들어온 왜군이 성 앞의 강물을 건너오지 못하리라 생각하였으니 당시 조선인의 생각이 얼마나 현실을 제대로 보지 못하고 있는지 보여주는 사례이다. 그리고 이러한 분위기 속에서 성곽보수와 훈련은 제대로 될 리 만부당하였다.

조정에서는 당시 김수와 이광을 경상감사와 전라감사로 윤선각을 충청감사로 임명하여 전쟁에 대비하였으며, 당대 최고 명장이었던 신립과 이일을 변경지방으로 보내 전쟁 준비 검열관으로 보내기도 했다. 이중 신립은 1583년 북쪽 여진족을 토벌할 때 혼자서 여진족 수십 명을 죽였다는 기록이 있을 정도로 용맹한 장수였다. 하지만 신립은 가는 곳마다 사람을 함부로 대하고, 죽여서 잔인하고 난폭하다는 평판이 자자했다 한다.

신립은 왜구를 깔봐 전쟁 대비 검열을 할 때도 방어에 필요한 별다른 계책이나 지시 없이, 무기 상태만 대충 점검하고 돌아왔다 한다. 이를 걱정한 류성룡은 신립을 만나 이렇게 말하였다. "예전에는 왜구들이 단지 칼과 창을 믿고 싸웠지만, 지금은 조총도 능숙하게 다루니 가볍게 보아서는 안 됩니다. 또한, 나라가 평화로워진 지 오래여서 병사들은 겁이 많고 나약합니다. 실제 전쟁이 일어나면 이를 막는 일은 대단히 어려울 것입니다." 하지만 신립은 "조총이 있다 해도, 백발백중은 아닐 터 대수롭지 않습니다"라고 하며 넘겨 버렸다.

임진왜란과 병자호란

07 전라 좌수사 이순신과 거북선 건조

이 무렵 전라북도 정읍의 현감이었던 이순신이 류성룡의 천거로 전라좌도 수군절도사(전라 좌수사)가 되었다. 사간원을 비롯한 여러 신하가 종6품의 현감이 종3품의 좌수사로 한 번에 진급하는 것은 지나친 승진이라면서 반대했는데, 선조는 짧은 시간에 여러 번 이순신을 승진시키는 방법으로 그를 진급시켰다. 선조는 이순신을 먼저 진도군수로 승진시킨 후, 진도로 가기 전 가리포진(완도)의 첨사로 다시 승진시키고 전라 좌수사로 임명하였다. 이때가 임진왜란이 발발하기 1년 2개월 전인 1591년 2월이었다.

부친의 삼년상을 마치고 복직한 후로도 이순신은 수많은 역경을 헤쳐나갔는데 이순신을 가장 힘들게 했던 인물은 이일이었다. 1586년 상을 마치고 복직한 이순신은 여진족과 대치하고 있는 함경도에 배치

되었다. 그곳에서 이순신은 두만강 하구에 삼각주로 이루어진 섬 녹둔도를 방어하고 있었다. 녹둔도는 사방이 고원지대로서 벼농사가 불가한 지역에서 유일하게 농사를 지을 수 있는 지역이었다(둔전). 그래서 당시 녹둔도 지역은 전략적 요충지였다.

하지만 이순신은 100여 명도 되지 않는 병력으로 호시탐탐 녹둔도를 노리고 있는 여진족(야인여진)을 상대해야 했기 때문에 상관이었던 이일에게 병력을 보충해 달라고 계속 요청하였지만, 그는 번번이 거절하였다. 그리고 이순신이 걱정한 대로 가을이 되자 여진족 1,000여 명이 녹둔도로 쳐들어왔다. 이때 이순신의 병사 대부분이 목책을 비워두고, 벼를 거두는 작업을 하고 있었기 때문에 이순신의 병력 중 목책에서 경계하는 병사들은 10여 명뿐이었다고 한다.

전투가 발발하자 사망자가 속출했고 전력 면에서 불리한 조선군이 밀릴 수밖에 없는 상황이 전개되어 패한다. 하지만 이런 위태로운 상황에서 이순신이 활로 선두에선 여진족을 쏘아 맞히자 겁을 먹은 여진족이 달아나기 시작했다. 이순신은 병사들과 함께 도망가는 여진족을 추격해 조선인 포로 60여 명을 구출하는 대활약을 펼쳤다. 그러나 전투 보고를 받은 이일은 이순신의 공로를 인정하기보다 녹둔도에서 여진족이 침입했을 때의 패전에 대한 책임을 물어 이순신을 처형하려 했다. 병력을 보충해 달라는 이순신의 요청을 이일 자신이 거부해 조정에 알려지는 것이 두려웠기 때문이다.

이일은 신립과 마찬가지로 여진족과의 전투에서 명성을 쌓았지만,

임진왜란과 병자호란

부하 장수를 함부로 죽이는 경향이 있었다. 그리하여 이순신이 이일 앞으로 잡혀 왔을 때 휘하麾下 선거(이)라는 사람이 술을 권하며 "취하면 형벌의 고통을 잊을 수 있을 것입니다"라고 말하자 이순신은 "죽고 사는 것은 하늘의 뜻이거늘 술을 마셔 무얼 하겠는가?"하고 사양하였다. 체포되어 심문을 받은 이순신은 적극적으로 자신을 변호하면서 이일에 이렇게 말했다.

"제가 녹둔도에 수비하는 병사가 적음을 걱정해 여러 번 증원 병을 요청하였지만 거부하셨습니다. 군사를 요청했던 서류 원본이 증거로 남아 있으니 조정에서 이것을 알면 그 죄가 제게 있지 않을 것입니다. 그뿐만이 아니라 제가 단신으로 여진족을 쳐버리고 잡혀갔던 백성 60여 명을 구출했는데 어찌 제가 패했다고 하십니까? 여러 사람이 증인인데 우기시면 안 됩니다."

결국, 이일은 이순신을 처형하려던 것을 미루고 조정에 장계를 올려 이순신을 처벌할 것을 요청했다. 하지만 이미 녹둔도가 방어하기에 어렵다는 것을 안 선조는 이순신을 처형하기보다 백의종군白衣從軍을 명했다. 이순신은 관직에 들어선 지 10년이 되었지만, 처음부터 다시 시작해야 할 처지가 되었다. 대수롭지 않은 이유로 많은 이들이 관행처럼 처형당했던 이 시기에 목숨을 건진 것만으로도 다행이었다.

이순신 장군의 10년 생활은 종9품에서 시작하여 종4품이 되었다가 파직당하고 다시 종8품에서 삼년상을 치른 후 종4품이 된 후 백의종군하게 되었다.

| 첫 백의종군과 전라 좌수사 임명

1588년 12월 이순신은 북병사 이일 휘하 온성 부사 양대수의 수하 장수로 백의종군하여 여진족 토벌전이었던 시전부락 전투에서 스스로 선봉이 되어 이들을 공격하겠다고 지원했다. 500여 명의 병사를 이끌고 여진족 본거지 시전부락을 기습한 이순신은 적장의 목을 베는 전공을 세웠고 이로써 이순신은 백의종군에서 벗어나 고향으로 돌아올 수 있었다.

고향 아산으로 돌아온 그의 시에는 '벼슬에 처음 나아갈 때는 기개도 있었는데 쉬면서 나를 돌아보니 본래 나는 능력이 없었구나…'라는 구절이 있다. 하지만 1589년 2월 이순신이 고향에서 아무 일 없이 지내는 것을 안타깝게 여긴 전라도 감사 이광이 조정에 간청해 이순신을 자신의 군관으로 삼았다. 그리고 그해 12월 류성룡의 천거로 정읍 현감으로 임명된 이순신은 전라 좌수사로 초고속 승진을 하였다. 이러한 이순신의 급속한 인사발령은 조선의 급박한 전쟁 준비의 일면을 보여주는 것으로, 유능하고 실전경험이 있는 장수를 최전선에 배치하기 위한 조치였다.

건천동에서 유년기를 함께한 류성룡과 이순신은 각별한 친분을 유지했는데 난중일기에 따르면 이순신이 꿈에서도 자주 류성룡을 봤을 정도였고, 기회가 있을 때마다 서로 만났다는 기록이 있다. 이순신의 든든한 후원자였던 류성룡은 20세 때 퇴계 이황 밑에서 공부했으며,

임진왜란과 병자호란

이때 이황은 그가 하늘이 내린 사람이라면서 그의 재능을 칭찬하였다. 선조가 류성룡을 보고 '금옥金玉처럼 아름다운 선비'라고 했을 정도로 그의 용모 또한 훌륭했다고 한다.

전라 좌수사가 된 이순신은 직접 순시를 돌며 점검을 했고 방비를 게을리한 지휘관에게는 형벌을 내려 군기를 잡았다. 이 밖에도 이순신은 배 건조와 무기 개량에도 많은 힘을 쏟았다. 이때 만들어진 것이 바로 거북선이다. 임진왜란이 있기 180년 전(태종 시대)에도 거북선에 대한 기록이 있었기 때문에 이순신이 처음 거북선을 만들었다고 할 수 없지만, 그가 사라졌던 기술을 되살려 재탄생시켰다고 볼 수 있다. 흔히 이순신의 군관 나대용이 거북선을 제작했다고 알려졌지만, 공식적인 기록은 아니다. 문서에 기록된 거북선의 특징은 이렇다.

복원한 거북선

'크기는 판옥선과 같거나 조금 작았으며, 150명 정도의 수군이 승선했는데 절반은 아래층에서 노를 저었고, 나머지는 위층에서 포와 활을 썼다. 앞은 용의 머리처럼 만들고 앞에서 대포를 쏜다. 등은 거북이 등처럼 판자를 덮고 그 위에 철판을 입힌 뒤 총총히 굵은 쇠못을 박았다. 좌우에는 각각 여섯 개의 총포 구멍이 있으며, 무기로는 각종 총통을 모두 사용할 수 있다.' 하지만 거북선이 철갑선인지에 대해서는 정확한 기록이 없어 아직 논란이 있다. 1592년 3월 말경 이순신 장군은 완성된 거북선을 이끌고 포격 훈련을 하였는데 이것은 바로 임진왜란이 발발하기 2주 전의 일이었다.

임진왜란과 병자호란

08 전란의 먹구름은 짙어가고

한편 도요토미 히데요시는 조선으로부터 답신이 없자 자신이 무시 받았다고 생각하면서 전쟁을 의논하고 있었다. 당시 일본인 승려 겐소는 답신을 기다리면서 조선에 머물고 있었는데 김성일이 겐소를 위해 술자리를 마련하였다. 술자리에서 겐소는 도요토미 히데요시는 명이 일본과의 관계를 끊은 것을 수치스럽게 생각하고 있으니 조선이 명나라에 부탁해 명이 왜와의 관계를 회복하면 전쟁은 막을 수 있다고 하였다.

이에 대해 김성일이 예의에 어긋난다고 하자 겐소는 과거 조선이 원나라와 공동으로 일본을 쳐들어온 적이 있다고 언급하면서 일본이 원수를 갚고자 한다고 말하였다. 또한, 전쟁을 걱정한 대마도 영주 소요시토시도 겐소와 같은 말을 전달했지만, 조정에서는 아무런 답신도 해주지 않았다. 그 뒤로 일본인들이 하나둘씩 귀국해버려 부산포의 왜관이 텅 비어 버리니 사람들이 이상하게 생각하기 시작했다.

당시 일본과 조선의 군사력 면에서 일본은 120년간 치러진 전국시대戰國時代를 거치면서 직업이 무사였던 병사들로 구성되어 있었고, 조선은 200년간 태평성대를 거치면서 나약하고, 겁 많은 병사들로 구성되어 있었다. 또한, 병력에서도 열세였는데 일본군은 조선을 침략할 당시 9개 군단 158,700명이 1차로 조선에 파병되어 침략했으며, 예비대, 수군 131,140명 등을 합해 총 289,840명이었다. 그리고 일본군 전체 병력의 10%에 해당하는 30,000명 정도가 조총으로 무장하고 있었다. 조총은 장전하는 데 오래 걸리고 유효사거리가 짧다는 단점이 있었지만, 갑옷을 관통하는 강력한 위력을 갖고 있었으며 명중률과 치사율이 매우 높았다.

일본의 지휘관들은 전국시대를 통해 명성을 쌓았던 지휘관 대신 도요토미 히데요시의 심복들 위주로 구성되어 있었다. 임진왜란 당시 일본군의 병력구성을 보면 제1군은 규슈 서부지방의 고니시 유키나가 병력 18,700명(선봉 겸 평안도 침공군), 제2군은 규슈 중부지방의 가토 기요마사 병력 22,800명(선봉 겸 함경도 침공군), 제3군은 규슈 동부지방의 구로다 나가마사 병력 11,000명(황해도 침공군), 제4군은 규슈 남부지방의 시마즈 요시히로 병력 17,000명(강원도 침공군), 제5군은 시코쿠 지방의 후쿠시마 마사노리 병력 24,700명(충청도 침공군), 제6군은 큐슈 북쪽 지방의 고바야카와 다카카게 병력 15,700명(전라도 침공군), 제7군은 주코쿠 서쪽 지방의 모리 데루모토 병력 30,000명(경상도 침공군), 제8군은 주코쿠 동쪽 지방의 우키타 히데이에 병력 10,000명

(예비대), 제9군은 간사이 지방의 도요토미 히데카츠 병력 11,500명과 수군 9,450명 등 합계 170,850명과 예비대 117,860을 합쳐 총 288,710 명이었다. 예비대는 대마도와 일대 섬에 대기하고 있었다.

| 조선의 전쟁 대비와 문제점

조선은 건국 후 200년 동안 이렇다 할 전란을 겪지 않아 군사체제가 상비군 체제에서 병농일치제로 전환된 상태였다. 수치상으로 조선은 150,000명의 상비군을 유지했고, 각 지역의 병력은 다음과 같다. 경기 도 8,700명, 충청도 2,800명, 경상좌도 47,000명, 경상우도 28,000명, 전라도 21,000명, 함경도 10,200명 강원도 2,000명, 평안도 14,000명, 황해도 9,100명, 중앙군 8,000명 등 총 150,800명이었다.

조선의 초기방어체계는 진관체제였는데 진관체제란 각각의 진이 방 어체계를 만들어 스스로 방어하는 지역방어체제이었으나, 을묘왜변 때 분산된 진들이 각개격파되는 허점을 보이자 제승방략체제로 변경 하였다. 제승방략체제는 전시에 각 군영의 병력을 한군데 모이게 한 후 중앙에서 장수를 내려보내어 이를 지휘하는 체제였다. 제승방략체 제는 유사시 대군을 꾸려 대응할 수 있고 적의 침입을 빠르게 각 지역 에 알릴 수 있다는 장점이 있지만, 중앙에서 파견된 장수의 지휘를 받 게 됨으로써 여러 가지 문제점을 노출하고 있었다. 막상 적이 침입하여 공격하는데도 중앙의 지휘관이 올 때까지 계속 기다려야 하고 또 중앙의 지휘관은 그 지역의 특징, 군사들의 장단점, 훈련 정도 등을 파악하는 데 어려움이 있는 제도였다. 그리하여 류성룡은 "장군 없는 군대가 들판에 모여 오랜 시간 중앙에서 파견된 장군만 기다리다 보면 병사들의 두려움이 커져 대열이 무너질 것이다"라고 하였다.

또한, 여진족과 분쟁이 빈번한 북부지방과 남부지역의 수군 등 일부 지역만 상비군이 유지되었고 기타지방에서는 문서 상으로만 병력이 존재하고 실제로는 군역을 부과하지 않거나 대역을 세우고 군포를 납부하도록 하는 방군 수포와 대역 납포가 공공연히 이뤄지고 있었다. 특히 기병은 상비군으로서 많은 경험이 있었으나 임진왜란에서 주역을 담당했던 보병은 병력의 질이 형편없었다.

한편 조선 조정은 우리가 알고 있는 것과 달리 1555년 을묘왜변(명종) 이후 일본의 침략 위험성을 인식하고 나름대로 많은 대책을 마련하였으며 1592년 개전 직전까지 쉴 새 없이 방어 준비를 하고 있었다. 특히 일본군을 직접 상대할 남부지역의 방어에 공을 들였고 경상감사 김수와 전라감사 이광, 충청감사 윤석각은 각기 성곽을 전면적으로 보수하고 군비를 확충하였다. 특히 경상도 지역에서 두드러지게 성곽축조와 강화가 확대되었다.

기존 왜구는 대마도를 거점으로 섬이 많은 경상우도와 전라도 지역을 침탈하는 경우가 보통이었다. 만약 조정이 왜구의 공격을 침탈 정도로 제대로 판단했다면 경상우도와 전라도 지역을 중점적으로 강화했을 것이나, 조정은 왜구의 주공격 루트가 아니었던 경상좌도 방어에 심혈을 기울여 2개의 첨사진만 있던 부산 동래 방면에 1개의 만호진으로 통합시키고 6개의 만호진을 이전시켰다. 경상감사 김수는 축성 인원 확보를 위해 백성들뿐만 아니라 유생들까지 동원하였다. 이러한 전쟁에 대한 대비책에 백성들과 유생들의 불만이 깊어 크게 충돌하기도 하였다.

또한, 유능하다고 판단된 장수들을 남쪽 위주로 배치하기 시작했는데 대표적으로 종6품의 지방 현감이었던 무명장수를 전쟁 발발 1년 2개월 전에 공을 세우라는 전교와 함께 단 하루 만에 8단계를 뛰어넘어 종3품 전라 좌수사에 초수하였고, 그 외에 이억기, 이천, 양응지, 원균 등 당시 이름있는 장수들을 대거 남쪽으로 내려보냈다. 이렇듯 조선은 나름대로 전쟁 준비를 하고 있었다.

그러나 문제는 일본군의 규모를 수만 명 정도로 예상했다는 점과 통신사의 귀국 이후 1년 남짓한 준비 기간은 1585년부터 7년간 준비한 일본에 비해 많이 부족하였다. 또한, 전근대 시대에 10만 명 규모의 해외 원정군이라는 숫자는 애초에 유례가 없는 수준이었다. 따라서 조선은 을묘왜변의 규모보다 큰 몇만의 적군이 쳐들어온다는 수준에서 대비했으나, 예상을 훨씬 뛰어넘는 규모의 재앙이 밀어닥쳤다. 이렇게 된 원인은 조선이 일본 내부정보를 수집하는 데 한계가 컸기 때문이었다. 기본적으로 조선은 통신사를 파견하는 한편 일본이 조선으로 파견하는 국왕사國王使나 왜관에 들어온 일본인, 대마도를 통해 일본 관련 정보를 수집하였다.

그러다 1467년 오닌의 난을 기점으로 일본이 전국시대戰國時代에 돌입해 내부사정이 혼란해지면서, 파견 갔던 조선통신사들이 조난되거나, 살해당하는 사례가 생기면서 1479년부터 1590년까지 조선통신사 파견이 이루어지지 않아 사실상 직접 정보를 수집할 방법이 없었다.

결론적으로 조선은 붕당으로 싸우기만 하고 전쟁 가능성을 부정하기만 한 것이 아니라 남쪽 전장을 중심으로 전쟁 준비를 나름대로 착실히 하였으나, 그 준비 기간이 매우 부족했고, 규모가 큰 국지전 정도로 생각하였다. 그러나 일본은 전처럼 적당히 싸우고 물러갈 생각 따위는 없었고, 20만 명의 대군을 동원해 정복 전쟁을 일으켰다.

전쟁의 징후가 점점 분명해지자 선조는 여러 면에서 군비를 강화하고 여러 무장을 발굴하고 성곽보수와 해자를 팠지만, 지방에서는 부역이 너무 가혹하다는 상소가 빗발치게 올라왔다. 따라서 영남지방을 왜적의 침입으로부터 방비하고자 나름 힘을 기울였으나, 미온적인 대처와 지방민들의 비협조와 불만 등으로 커다란 성과 없이 일본의 침략을 받게 되었다.

2장

전쟁 발발과 이순신의 활약

01 부산진성 전투

　1592년 4월 13일(음) 선봉장 고니시 유키나가의 병력 18,700명을 실은 일본의 함선 수백 척이 부산 앞바다에 나타났다. 이때 부산 첨사 정발은 절영도(지금의 영도)에서 사냥하고 있었다. 정발은 대마도 쪽에서 대규모 선단이 접근 중이라는 보고를 듣고 처음에는 무역선이라 생각해 경계하지 않다가 일본군이 조총을 쏘아대면서 부산항에 접근해오자 사태의 심각성을 깨닫고, 급하게 군사와 백성들을 모아 부산성으로 돌아왔다.

　이때 성을 지키던 조선병력은 600명에서 800명 정도로 2만여 명에 육박하는 일본군을 막기에는 턱없이 부족하였다. 부산에 상륙한 고니시 유키나가는 정발 장군에게 전갈을 보내 "목숨은 살려 줄 테니 항복하라"라고 말하였다. 하지만 성안의 병사들이 비웃으면서 "한양에 사람을 보내 그렇게 해도 되는지 물어보겠다"라고 대답을 하자, 다음

　　　　　　　　　　　　　　　　　　　　임진왜란과 병자호란

날 1593년 4월 14일 새벽 다섯 시경에 일본군은 부산성을 공격하기 시작하였다.

전투 초기에는 부산성 입구를 뚫지 못하던 일본군이 부산성 뒤쪽 산으로 돌아가 공격했고, 그것을 막던 정발 장군이 일본군의 집중사 격을 받고 그만 전사하고 말았다. 지휘관을 잃은 조선군은 활과 창으로 맹렬히 맞서 싸웠지만, 역부족이었고 정오쯤에 부산성이 함락되었고, 결국 최후까지 부산성을 지킨 조선군은 전멸하고 말았다. 일본의 기록인 「요시노각서」의 자료에 따르면 '부산사람들이 무릎을 꿇고 살려달라 애원했지만, 남녀 구별 없이 모두 죽었다'라고 적혀 있다. 이때 부산성에 거주한 백성 3,000명이 살육되었다. 생존한 아이들은 그들의 어머니가 알려준 대로 절름발이인척하거나, 입이 삐뚤어진 것처럼 시늉하였지만, 일본군은 악랄하게 어린아이들까지 죽이거나 포로로 잡아갔다. 일본사를 쓴 신부 루이스 프로이스는 '부산성의 군인들은 철모에 가죽 갑옷을 입고 용맹스럽게 죽을 때까지 싸웠으며, 왕에 대한 충성심이 높아 보였다'라고 하였다.

한편 일본군이 몰려온다는 소식을 들은 경상 좌수사 박홍은 동래성으로 달려갔지만, 전세가 기운 것을 확인하고 지레 겁을 먹고 도망가 버리고 말았다. 또한, 경상 우수사 원균은 선단을 이끌고 부산 앞바다에 도착하였지만, 적의 군세를 보고 싸움을 포기하고 말았다. 이후 원균은 수군 1만 명을 해산시킨 후 도망가기 위해 배 몇 척만을 남기고 배 밑창을 뚫어 판옥선을 수장시켜 버렸다.

당시 조선 조정은 일본군을 상대할 때 바다보다는 육지에서의 싸움이 유리하다고 판단했다. 실제 선조는 전쟁 발발 13일 전에 연안과 섬에서 해상방어를 수행하고 있는 수군 지휘관들에게 육지로 올라가 방어하라는 조서를 내렸다. 결국, 이러한 잘못된 지시로 인하여 경상 좌수사 박홍이나, 경상 우수사 원균은 배를 버리고 수장시키는 최악의 상황을 만들어 버렸다.

이때 원균이 수장시킨 판옥선의 수는 최소 70여 척이었다고 한다. 결과론적이지만 원균이 부산포 앞바다에서 용감하게 일본 함선과 결전을 벌였거나, 배를 수장시키지 않고 이순신 장군의 수군과 함께 일본군을 공격했다면 일본 선단에 대한 압도적인 우위를 점할 수 있었을 것이다.

기록에 의하면 일본 선단의 수가 700여 척 이었다. 제1군인 고니시 유키나가의 병력 18,700명에 필요한 선단 190여 척, 4월 18일 제2진인 가토 기요마사 병력 22,000명에 필요한 선단 220여 척, 4월 19일 구로다 나가마사 병력 11,000명에 필요한 선단 110여 척, 기타 수군 지원선 등을 합쳐 약 700척 정도로 판단된다. 하지만 전쟁 발발 13일 전에 선조의 교서 내용이나, 당시 우리 조선군들이 사용하는 전략 전술적인 측면에서 해상에서의 전투보다 육상에서의 전투가 더 효과적이라고 판단을 했던 대다수 의견과 달리 유일하게 이순신 장군만이 해상에서의 전투 준비태세를 완비하고 있었고, 이후 해상 여러 전투에서 완벽한 승리를 거둔 것은 조선으로는 실로 행운이라고 말할 수 있겠다.

　　　　　　　　　　　　　　　　임진왜란과 병자호란

| 동래성 전투

일본군은 부산진성을 함락시킨 다음 날 4월 15일 동래성을 공격하였다. 동래부사 송상현은 일본군이 침략했다는 소식이 들려오자 병사들과 주민들을 성안으로 들인 후 전투준비를 하였다. 동래성은 산의 지형을 이용한 산성으로 부산에서 한양으로 향하는 교통의 요지에 자리 잡고 있었다. 이때 경상좌병사 이각이 울산에서 병력을 이끌고 동래성에 도착하였다.

송상현은 이각에게 성에서 함께 결사 항전할 것을 설득하였지만, 이각은 적의 병력이 수만이나 된다는 말을 듣고 성 밖에서 호응하겠다는 핑계를 대고 군사를 데리고 성을 나갔으며 전투가 시작되자마자 곧바로 도망쳐버렸다.

고니시 유키나가는 싸우기에 앞서 '동래성 앞에서 무모한 전투는 피하라. 나는 협상을 위해 조선의 도성으로 가야 한다. 그대가 굳이 싸우겠다면 할 수 없지만, 싸우지 않으려면 길을 빌려 달라'라고 쓴 나무판을 보였다. 이에 송상현은 "싸우다 죽기는 쉬우나, 길을 빌리기는 어렵다"라는 답을 했다.

이후 일본군은 공격을 시작했고, 송상현은 부산진 전투에서 조총의 피해가 컸다는 말을 듣고, 조총의 위협에 대비하기 위해 성벽 위에 목책을 쌓았지만, 조총의 위력을 막을 수는 없었다. 오랜 세월 전투로 단련된 일본군의 전투력을 막기에는 역부족이었고, 설상가상으로 일본에서 하루 늦게 출발한 제2군 가토 기요마사 병력까지 전투에 합세하였다.

일본군은 동래성의 취약지역인 동래성 동문(인생문)을 집중적으로 공격해 결국 돌파하고 동래성으로 진입하였다. 동래성의 조선군과 주민들을 필사적으로 항전했으나 압도적인 일본군의 군세를 당해내지 못했다. 패배를 직감한 송상현은 갑옷 위에 조복을 걸친 후 북쪽에 절을 한 후 부모님을 생각하며 시 한 수를 썼다.

孤城月暈　　고립된 성을 적이 달무리처럼 에워쌌고

列鎭高枕　　여러 진은 단잠을 자고 있네

君臣義重　　군신 간의 의는 중하고

父子恩經　　부모님의 은혜는 가볍도다

동래성 순절도
출처: 육군박물관

　그 후 송상현은 다시 무장하고 몰려든 일본군과 끝까지 싸우다가 결국 일본군의 칼에 찔려 전사하고 말았다. 평소 송상현과 면식이 있던 일본군 장수인 마츠우라 시게노부(조선 측 기록에는 평조익平調益)는 그에게 피신하라고 권했지만 이를 거절하였다. 동래성의 아낙들은 지붕 위에 올라가서 기와를 던지며 일본군에 맞서다가 역시 처참하게 죽임을 당했다. 일본군 장군 고니시는 송상현의 충절을 높이 사서 그의 시체를 온전히 보존하게 하여 고향으로 돌려보냈다. 그러나 당시 동래성의 조선군과 백성들은 거의 모두 학살당하고 말았다.

전투가 끝난 후 동래성의 백성들은 성 밖으로 끌려 나와 일본군에게 처참하게 살해당한 뒤 해자에 던져져 파묻혔다. 끝까지 저항한 세력을 죽임으로써 적의 사기를 꺾기 위함이었다. 일본 전국 시기에도 항복을 포기하고 끝까지 저항한 다이묘는 그곳 주민까지 죽이는 것이 관례였다. 하지만 하루아침에 죽임을 당한 조선의 백성과 군인들의 원통함을 어디에서 씻어야 할까? 결국, 학살은 학살이었다.

루이스 프로이스의 「일본사」에 의하면 조선군 장수를 비롯하여 조선인 5,000인이 죽었다고 기록되어 있으며, 일본군의 전사자는 100여 명이었다고 한다. 임진왜란 17년 후 동래부사로 부임한 이안눌은 「동래맹하유감」이라는 글에서 전투 당일인 4월 15일 새벽만 되면 집집마다 곡소리가 일어났다고 기록하였다. 동래 주민 중 생존자는 천 명 중 한두 명이었다고 한다. 그 상황이 얼마나 끔찍했는지 전해주는 기록은 숱하게 많이 있다.

> 총성이 울리고 그 검광은 대낮을 무색하게 했으며, 적군이 성중에게 들어와 사람으로 메우다시피 했다. 성은 협소하고 사람은 많은 데다 적병 수만이 일시에 성으로 들어오니 성중은 메워져 움직일 수조차 없었다.
>
> -임진동래유사(壬辰東來遺史)

임진왜란과 병자호란

이 지역 수군을 이끌고 있던 경상 좌수사 박홍은 부산진이 함락되자 곧바로 언양으로 물러났으며, 인근 지역의 군현郡縣과 진보鎭堡들도 모두 뿔뿔이 흩어져 조선군의 대응 체계는 순식간에 붕괴해 버렸다. 이렇듯 조선군이 괴멸적인 피해를 보는 동안 일본군은 전력을 온전히 보존하였다. 고니시 유키나가의 제1군에 이어 가토 기요마사의 제2군 22,800명, 구로다 나가마사 제3군 10,000명의 병력이 조선에 속속 입국했고 이들은 세 갈래로 나뉘어 조선의 수도 한양으로 진격해 나갔다. 일본군은 조선을 침공하기 전에 첩자들을 이용해 조선의 지도를 갖고 있었고, 미리 납치한 조선인들에게 길 안내와 통역을 맡기는 치밀함을 보였다.

■02 일본군의 거침없는 진격

1592년 4월 15일 부산진성에 이어 동래성마저 함락되니 경상도 일대의 민심은 거의 공황 상태가 되었다. 임진왜란 당시 경상도 지역의 군 수비를 담당하고 있던 지휘관으로서는 경상좌병사 이각과 경상우병사 김성일이 있었다. 또한, 수군의 지휘는 경상 좌수사 박홍과 경상 우수사 원균이 있었다.

부산진성이 함락되고 동래성이 공격받았을 때 지원하러 온 박홍과 이각은 일본군의 기세에 눌려 도망쳐버렸고, 경상 우수사 원균은 배를 침몰시킨 후 도망쳐버렸다. 오직 경상우병사 김성일만 물러서지 않고 흩어진 병사들을 불러모아 반격을 준비하고 있었다.

그가 이렇게 용감하게 싸울 수 있었던 것은 김성일의 성품이 매우 강직했으며, 또한 통신사로 다녀온 후 일본군의 침략을 부정했다는 책임감이 있었기 때문이었다. 하지만 전쟁 발발 얼마 후 선조는 김성일

임진왜란과 병자호란

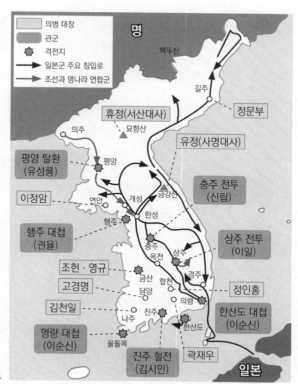

일본군 진격로

이 적이 쉽게 침략하지 못할 것이라고 말하는 바람에 나랏일을 그르쳤다는 이유로 그를 잡아들이라는 명령을 하였다. 그런데 김성일이 압송되는 도중에 선조의 노여움이 풀려 그의 죄를 사하고 김성일을 경상도 초유사(난리가 났을 때 백성을 불러 타이르게 하는 임시직)로 임명한 후 다시 군사를 일으키도록 하였다. 김성일은 이후 병사들을 모집하고 의병을 지원하는 등 최선을 다해 죽을 때까지 자신의 역할을 하였다.

한편 울산으로 도망간 이각(경상좌병사)이 가장 먼저 한 일은 자신의 애첩을 챙겨 도망가는 것이었다. 그 결과 그의 지휘를 기다리고 있었던 약 1만의 병사들이 뿔뿔이 흩어져 버렸다. 이렇게 군 책임자들이 먼저 도망쳐버렸고, 경상도 순찰사였던 김수 역시 아무런 계책도 없이 무작정 백성들에게 도망치라는 격문을 보내니 경상도 각 성의 병사와 백성들이 도망가버려 텅 비게 되었다. 이렇게 경상도의 조선군은 스스로 무너져 버렸고 일본군은 빠르게 한양으로 진격하였다.

고니시 유키나가의 제1군은 조령을 거쳐 한양으로, 가토 기요마사의 제2군은 죽령을 거쳐 한양으로, 구로다 나가마사의 제3군은 추풍령을 거쳐 한양으로 서로 경쟁하듯이 진군하였다.

일본군의 첫 번째 목표는 조선의 수도 한양을 함락시키고, 조선왕의 항복을 받아 내는 것이었다. 전국시대의 일본에서는 본거지를 빼앗겼던 영주는 항복하거나 할복으로 자살했기 때문에 일단 본거지만 차지하게 되면 새로운 영주는 점령지의 주민과 모든 지배권을 갖게 되었다. 그렇기에 일본은 한양을 정복해 한양만 얻으면 조선인 전체가 도요토미 히데요시의 백성이 되고 충성할 것이라고 믿었다.

두 번째 전략은 조선을 굴복시킨 후 명나라를 공격하기 위해 추가 병력과 군량미를 조선에서 조달하는 계획이었다.

마지막으로 일본은 명나라를 정복한 후 인도까지 정복하는 계획까지 세워놓고 있었다. 하지만 이런 계획들은 일본의 조선과 명나라에 대한 무지로부터 비롯된 것이었다.

임진왜란과 병자호란

| 이일의 후퇴

4월 17일(음) 일본군이 침략했다는 급보가 조정에 도착했다. 이어 부산진성과 동래성이 함락되었다는 박홍의 장계가 올라왔다. '높은 곳에 올라 바라보니, 성안에 붉은 깃발이 가득하므로 이로써 성이 함락되었다는 것을 알았습니다'라고 적혀 있었다.

조정에서는 이일을 순변사(변방의 군국 기무를 순찰하는 특사)로 임명해 경상도로 내려보내면서 그에게 한양의 정예병 300명을 데려가게 했다. 이일이 군인명부에 적힌 이들을 불러모으니 이들 중 태반이 병사 훈련조차 받지 않은 서리, 유생들이었다고 한다. 유생들은 모두 다 관복에 과거 준비용 시험지를 들고 있었고, 서리들은 투구 대신 두건을 하고 있었는데 이들 대부분이 병력을 면제해 달라면서 소란을 피웠다. 이런 사정으로 이일은 한양에서 사흘이나 시간을 낭비하게 되었다.

조정에서는 당시 조선 최고의 명장이라고 알려진 신립을 도순변사로 임명하고, 이일을 후방에서 지원하게 했다. 신립은 떠나기 전 함께 싸울 병사를 모집했지만, 신립이 병사를 함부로 막 대한다는 소문이 있어 그를 따르려는 자가 거의 없었다고 한다.

한편 경상 순찰사 김수가 고니시 유키나가를 방어하기 위해 군사를 모집하여 이일과 합류하기로 약속하여 약속 장소인 대구에 집결하였으나, 총사령관 순변사 이일이 만나기로 한 날짜가 며칠이 지나도 도착하지 않았고, 일본군이 엄청난 속도로 북진 중이어서, 제승방략체제에 의해 대구에 모인 병사들이 야밤을 틈타 도주하고 말았다.

이일은 4월 23일에 문경을 거쳐 상주에 도착했으나 상주성을 지켜야 할 상주 목사 김해는 벌써 도망쳐버렸고, 판관 권길이 상주성을 지키고 있었다. 이일은 군사를 모집하여 자신이 데려온 군사 60명을 합쳐서 총 800명의 병력으로 임진왜란 최초의 주력 방어진을 편성했다.

이일이 상주에 도착한 4월 23일(음) 저녁에 상주 인근에 살던 백성한 사람이 찾아와 왜군이 근방까지 왔다고 알려 주었다. 이일은 그 말을 믿지 않고 그가 사람들의 마음을 어지럽힌다고 하여 그를 죽이려 하였다. 그러자 그는 다음날까지 기다려도 적이 도착하지 않으면 그때 죽여도 늦지 않다며 살려달라고 애원하였다. 이때 고니시 유키나가가 이끄는 왜군 제1번대는 4월 19일 밀양을 점령하고 4월 21일에는 대구에 진출하고 낙동강을 도하 하여 선산에 진출하고 있었다.

4월 24일 아침이 되어도 적이 나타나지 않자 이일은 그 사람을 처형시켜 버렸다. 이일은 아침부터 상주성 북쪽 북천 강변에서 군사훈련을 하면서도 적이 어느 정도 진출했는지 알아보지도 않았고, 군사훈련을 시키는 와중에도 그 주변에 보초나 순찰자를 내보내지 않았다. 오히려 왜군은 몇 차례나 척후병을 보내 조선군의 상황을 일거수일투족까지 정찰하고 있었다. 훈련을 받고 있던 군사들은 정찰하고 있는 왜군 척후병들을 발견하였지만, 아침에 죽은 사람이 생각나 감히 고할 생각을 하지 못하였다.

임진왜란과 병자호란

조선군 병사들이 훈련하던 중 상주성 안 두어 군데에서 검은 연기가 치솟았다. 이일은 급히 군관 한 명을 보내 알아보도록 하였는데 군관이 다리 밑을 지나가던 순간 다리 밑에 숨어있던 왜군 저격병이 조총으로 저격한 뒤 목을 베어서 사라져 버렸다. 이 광경을 본 조선군은 전투를 시작하기도 전에 사기가 떨어졌고 왜군들은 대규모 기습공격으로 조총을 쏘며 접근해왔다.

조선군은 활을 쏘았으나 효과가 없었고 곧 왜군들이 포위하여 사면에서 압박하니 이일은 말을 타고 도망쳤고, 병사들은 혼란한 틈을 타 달아나기 시작했다. 일본군은 도망가는 조선군을 추격해 학살했는데 이때 말을 타지 않은 일반 병사들은 모두 죽임을 당했다는 기록이 있다. 일본 측 기록인 「요시노각서」에서는 이날 대략 300명의 조선군이 일본군에 의해 참수되었다고 한다.

일본군은 여기에 만족하지 않고 이일을 계속해서 추격하자 이일은 머리를 풀어헤치고 알몸으로 달아나 겨우 적을 따돌렸고, 이일과 두 명의 군관만이 조령의 조방장 변기와 충주의 신립 진영으로 후퇴하였다.

▨ 03 충주 탄금대 전투

1592년 4월 26일 충주에 도착한 신립의 수천 기병은 단월역에 주둔하고, 상주에서 패전한 이일을 만나게 된다. 이때 종사관 김여물이 신립에게 새재(나는 새도 넘어가기 힘든 고개)에서 궁병으로 왜군을 상대하자고 건의하였으나, 신립은 충주의 넓은 달천평야로 가서 궁기병을 이용하는 평야전을 펼치자고 하였다. 상주성 전투에서 패전한 이일은 새재를 수비하기에는 늦었으니 남한강으로 물러나 한강 방어선을 구축하자고 했다(기록에 따라서 이종장, 이일도 새재에서 궁병으로 공격하자고 주장한 것도 있다). 이에 신립은 우리 군은 기병이고, 일본군은 보병이니 기병을 이용한 전술을 쓰면 보병만 있는 일본군을 쉽게 제압할 수 있으며, 따라서 충주의 넓은 평야(달천평야)로 적을 끌어들이면, 우리가 반드시 승리한다고 하였다.

한편 경상도를 모두 점령하고 문경에 주둔해 있던 일본군 제1군 고

임진왜란과 병자호란

니시 유키나가는 4월 28일(음) 새벽에 문경을 떠나 정오 무렵 충주에 진입하였다. 일본군이 벌써 27일 밤에 도착했다는 정찰병의 보고를 들은 신립은 급히 평복차림으로 충주성을 뛰쳐나가 단월마을로 가서 살펴봤지만, 일본군은 보이지 않았고 충주성으로 돌아와 정찰병을 참수했다.

고니시 유키나가가 문경새재에 도착한 이후부터 일본군은 3개 부대로 나뉘어 운용되고 있었다.

－중군 7,000명 고니시 유키나가가 직접지휘

－좌군 5,000명 소 요시토시(고니시의 사위)/조선군 서쪽 공격

－우군 3,000명 마쓰라 시게노부/조선군 동쪽 공격

대진大陣을 가장한 기동병력 3,700명은 방비가 허술한 충주성을 곧장 침입하여 점령하였다. 가토 기요마사 군 22,000명은 산을 따라 동쪽으로 이동하면서 남한강을 건너기까지 전장을 관람했다.

4월 28일 정오 무렵 고니시 유키나가의 중앙군이 단월역 앞마을(현 충주 건국대 캠퍼스)로 진입하였다. 고니시 유키나가와 일본군은 단월역月月驛 앞마을에서 역관 경응순과 조선 국왕의 항복 서신을 전하러 온 이덕형과 그 외 대신들을 보리라 기대하며, 민가에 불을 질러 조선 측에 신호를 보냈다.

1592년 4월 15일 일본군이 동래성을 점령하였을 때 그곳에서 전투 중이었던 울산 군수 이언함을 사로잡았다. 고니시 유키나가는 이언함에게 조선과 화평을 맺고 싶다는 서신을 조선 조정에 전달하라고 주

면서 그를 풀어주었다. 하지만 이언함은 적과 내통했다는 의심을 피하고자 고니시 유키나가의 서신을 버린 채 달아나 버렸다. 그 후 상주에서 통역관인 경응순이 일본군에게 사로잡혔을 때 고니시 유키나가는 그에게 공문 하나를 보여주며 이렇게 말했다.

탄큼대 전투 지형도

"동래에서 사로잡았던 울산 군수 이언함에게 서신을 주었는데 아직까지 연락이 없다. 만약 조선이 강화할 뜻이 있다면, 4월 28일까지 충주로 이덕형을 보내 나와 만나게 하라."

　　　　　　　　　　　　　　　임진왜란과 병자호란

과거 일본에서 겐소가 사신 자격으로 조선에 와서 협상 상대였던 이덕형을 만났는데 그를 높게 평가해 고니시 유키나가에게 협상 상대로 추천한 것이다.

| 신립의 오판과 패배

그러자 신립이 즉시 충주성의 수천의 군사를 이끌고 탄금대로 곧바로 출격했다. 충주 탄금대 송산에 매복해있던 신립의 1만6천의 군사들은 신립을 따라 일제히 탄금대 송산을 빠져나와 단월역丹月驛으로 진격해왔다. 일본군들은 조선군과의 숫자 차이가 너무 극명하게 차이나자 당황하고 두려워하였다. 조선군 1만6천 명 중 약 8천 명 이상은 기병이었으며, 자신의 수적 우세를 믿고 사기가 더 높아 승리를 확신하였다. 하지만 고니시 유키나가는 당황하지 않고 일본군에 지시하며 승리를 확신시켰다. 고니시 유키나가가 이끄는 중군이 고니시의 명령에 따라 모든 깃발을 내리고 기운 잃은 척 허장성세虛張聲勢로 조선군을 향해 천천히 진군해 오기 시작했다.

신립의 8천 경기병은 일본군의 좌군, 우군, 배후 공격부대 및 청주성 점령 기동부대의 존재를 까마득히 모르고 오직 일본군의 중앙군만 보고 승리를 확신하고, 학익진을 펼쳐 중앙군을 포위해 그들이 단월역 앞마을(지금의 충주 건국대 캠퍼스)에서 절대 빠져나가지 못하게 하려고 하였다. 그러나 달천평야의 드넓은 논밭은 축축이 젖어있는 상태로 늪지처럼 되어있어 궁기병이 쏜살같이 치고빠지는 기동력과 돌격 전법이 불가능하였고 진격 속도도 매우 더뎠다.

조선군 8천 기병과 일본 중앙군이 마주치자 갑자기 일본 중앙군의 깃발이 일제히 무수히 펄럭여서 엄청나게 많은 군대인 것처럼 보였다. 조선군은 갑자기 숫자가 많아진 것 같은 중앙군을 보고 시각의 혼란을 일으켰다. 그 사이 일본군의 좌군과 우군이 괴성을 지르며 일어나 조선군의 좌, 우(동서)를 포위하고 조총을 우레와 같이 퍼붓고 장궁을 쏘기 시작했다. 일본 중앙군 역시 조총과 장궁을 우레와 같이 퍼부었다.

조선군은 전장을 달천평야의 늪지대를 선택함으로써 기병의 장점을 전혀 살리지 못하였으며, 예상치 못한 일본의 좌·우군 협공과 중앙군에 포위되어 조총의 집중포화 사격을 받았다. 결국 조선 기병 8천 명은 맹렬한 포화를 견디지 못하고 물러나고 말았다. 그 후 다시 2~3차례 더 돌격을 시도하였지만, 일본군의 조총 공격으로 번번이 실패하면서 병력의 수가 점차 줄어들고 말았다. 그사이 충주성이 일본군의 기동부대에 점령당해 버렸다. 그러자 신립은 전혀 예상치 못한 상황에 당황하여 정신이 반쯤 빠진 상태로 충주성을 구하러 가버렸고, 총대장이 자리를 떠버리자 군사들은 우왕좌왕右往左往하여 대열을 이루지 못하였으며 조선군 진내陣內는 크게 동요했다.

그러나 충주성을 구하러 출격한 신립과 그의 군사는 청주성 안에서 호각 소리 3번과 함께 출격한 일본 정예군의 공격에 크게 패하였으며,

임진왜란과 병자호란

신립은 도망쳐버렸다. 이어서 일본군은 조선 8천 병력의 배후를 치며 좌군, 우군, 중군과 함께 조선군을 완벽히 포위하여, 마치 성난 물결처럼 솟구치듯 진격해왔다. 그 모습에 놀란 조선군들은 일본군은 60만 명이나 된다는 소문이 입에서 입으로 번져가면서 두려움에 허둥대며 조선군 진영이 삽시간에 무너지기 시작하였다.

일본군은 조총에 의한 집단 사격과 2m의 거대한 일본도를 든 노다치 사무라이들이 큰 함성과 함께 달려들어 마구잡이로 살육하니 조선군은 겁에 질려 모조리 달아나 버렸다. 일본군은 그 기세를 놓치지 않고 계속 추격하여 조선군을 사면으로 겹겹이 포위하여 육로로 도망칠 길을 하나도 주지 않았다. 육로의 퇴로가 막힌 조선군은 모두 다 달천강으로 몰려버렸고 장수, 병졸 할 것 없이 적의 기세에 눌려 모두 강물에 뛰어들었으며 거의 모든 병사가 익사하고 말았다. 조선군 중에 생존하여 탈출한 자는 이일을 포함해 겨우 4명에 불과하였다.

전투가 끝나자 일본군은 조선군 시체 중 3,000구만 목을 베고 조선군 항복인 수백 명을 모두 받아들였다. 가토 기요마사는 고니시군과 조선군이 싸우고 있을 때 멀찍이서 구경만 하면서 한양을 향해 나아갔다. 이날 전투로 조선군은 1만6천의 병력이 사망하였으며, 일본군은 150명이었다.

'이튿날 새벽에 적병이 길을 나누어 대진大陣은 곧바로 충주 성으로 들어가고, 좌군은 달천강 변을 따라 내려오고, 우군은 산을

따라 동쪽으로 가서 상류를 따라 강을 건넜다.'

-선조수정실록

'조선군이 진을 정비하고 달 모양(학익진)으로 전투대형으로 펼
쳤다. 그들은 적군이 소수인 것을 보자 적진의 중앙을 공격하면
서 한 명이라도 빠져나가지 못하게 하려고 포위하기 시작했다.'

-루이스 프로이스의 일본사

'그 지역은 촌락의 거리가 좁고 좌우에 논이 많아서 물과 풀이
섞여서 말을 달리기에 불편하였다. 우물쭈물하는 사이에 적이
우리 군사의 좌우를 포위해 오는데 그 세력이 마치 풍우風雨와
같았다. 한 길은 산을 따라 동쪽으로 오고, 한 길은 강을 따라
내려오는데, 포 소리가 땅을 진동하고 탄환이 빗발 같고 먼지는
하늘을 덮었고 고함치는 소리는 산을 흔들었다.'

-재조번방지

'이내 군사를 거느리고 탄금대彈琴臺 앞 두 강물 사이에 나가 진을
쳤는데 이곳은 왼쪽에 논이 있고, 물과 풀이 서로 얽히어 있어
말과 사람이 달리기에 불편한 곳이었다. 조금 후에 적군이 단월
역丹月驛으로부터 길을 나누어 쳐들어오는데 그 기세가 마치 비
바람이 몰아치는 것과 같았다. 한 길로는 산을 따라 동쪽으로

임진왜란과 병자호란

나오고, 또 한 길은 강을 따라 내려오는데 총소리는 땅을 진동시키고 먼지는 하늘에 가득하였다.'

-징비록

'양쪽 군대가 이미 접근하였을 때 조선군의 예상은 이미 어긋나 있었다. 깃발들이 펄럭이고 다수의 일본인 병사들이 모습을 나타내 조선군 양쪽 끝을 노리면서 맹렬한 포화를 퍼부었다. 조선군은 그러한 공격에 견딜 수 없게 되어 조금 후퇴하다가 다시 전열을 가다듬어 한두 번 더 공격하기 시작했다. 그러나 일본군은 총포에 더하여 대도大刀의 위력으로써 맹렬하게 공격하였기 때문에 조선군은 싸움터를 버리고 앞다투어 도망쳤다.'

-루이스 프로이스의 일본사

충주의 사민과 관속들은 신립군이 6만 대군(大軍)이나 되어서 신립을 믿고 피난하지 않아 전투가 끝난 후 일본군에 많은 이들이 학살당하였다.

-난중잡록

당시 조선이 자랑하던 제1·2 장군이 일본군 앞에 처참하게 무너졌고 일본군은 파죽지세破竹之勢로 한양까지 진격하였다. 한편 한양에서는 선조가 신립의 승전소식을 초조하게 기다리고 있었다. 당파 싸움에서는 그렇게 할 말이 많았던 대신들은 국가의 위기 앞에서는 고개를 숙이고 있을 뿐이었다. 그때 일본인 통역관이었던 경응순이 고니시 유키나가의 서신을 가지고 한양에 도착했다.

서신을 확인한 이덕형은 경응순과 함께 충주에 가겠다고 지원했다. 이덕형이 고니시 유키나가와 협상하면서 시간을 끌 수 있다면, 그사이 조선은 병력을 재정비해 반격을 가할 수 있었기 때문에 놓칠 수 없는 기회였다. 하지만 이덕형이 충주에 도착하기 전에 충주가 함락되었다는 소식이 들려왔고, 같이 길을 떠났던 경응순이 가토 기요마사 군에 사로잡혀 죽임을 당해버려 이덕형은 다시 한양으로 되돌아오게 되었다.

얼마 후 대신들은 세자를 세워 민심을 모으자고 청했고, 선조는 이를 받아들여 웅빈 김씨 아들 광해군을 세자로 책봉한다. 선조의 왕세자 책봉은 나라에서 중요한 행사이기 때문에 평시에는 20일 전부터 준비해 성대하게 치러질 것이지만, 일본군이 쳐들어온 위급한 상황에서 광해군의 세자책봉만 실시하고, 책봉식은 결국 평양에 도착하여 실시하였다.

4월 29일(음) 저녁 신립이 패했다는 소식이 한양에 전달되었다. 신립의 패전을 알린 패잔병들이 한양 내 백성들에게 패배를 알리니 삽시간에 이 소식이 도성 내에 퍼지게 되었고, 신립이 패할 리 없을 거라며 믿고 있었던 조정은 한순간 충격과 공포에 빠져버리고 말았다.

얼마 후 이일이 적이 오늘내일 사이에 도성에 들이닥칠 것이라는 장

임진왜란과 병자호란

계를 보내자, 대신들은 사태가 이렇게 되었으니 잠시 평양으로 몸을 피해 명나라에 군사를 청해 훗날을 도모하자고 하면서 한양을 떠나자 권했고, 영의정이었던 이산해도 과거 파천한 사례가 있다면서 이에 동조했다.

한편에서 파천 논의가 있자 권협을 비롯한 많은 신하가 한양을 버릴 수 없다고 외쳤지만, 이들도 다른 뾰족한 수가 있는 것도 아니었다.

■04 어가의 파천

조선의 주력부대는 충주 탄금대 전투에서 도원수 신립과 부원수 김여물이 이끄는 토벌대 1만6천 명의 패전으로 모두 전멸하였고, 4월 말 일본군은 경기도로 들어왔다.

혼란에 빠진 선조는 어디로 피난 가야 할지를 신하들에게 물었다. 이에 도승지 이항복은 의주로 가서 어가를 멈추고 있다가 만약 어려운 상태에 빠져서 힘이 다 없어지고 팔도가 적에게 모두 함락된다면, 즉시 명나라 조정에 가서 사태의 위급함을 알려야 한다면서 명과 가까운 의주 쪽으로 피난할 것을 건의했다. 이에 선조는 신하들에게 파천을 선언하고 바로 광해군을 세자로 정하였다.

한편으로는 파천을 반대하는 상소가 올라오는가 하면, 해풍군 이기 海豊君 李耆 등은 궐문을 두드리며 통곡하였다. 이에 선조는 "가지 않고 마땅히 경들과 더불어 목숨을 바칠 것이다" 하며 이들을 돌려보냈다.

임진왜란과 병자호란

그러나 파천은 결정되었고 4월 30일 궁인들을 소집한 선조는 떠나면서, 도원수 김명원에게 북상하는 일본군을 막으라는 명령을 내렸다.

어가의 피난이 결정되자 도성은 어수선해졌고, 병사들의 탈영이 생겨났다. 이에 한양의 수비를 명받은 장수들은 일부 탈영병들의 목을 베었다. 그러나 병사들의 탈영은 계속되었고, 부위, 교위 등의 장교들과 오위장 및 각 위장들도 전부 도망쳐 버린 상황에서, 도원수 김명원은 한강을 사이에 두고 일본군과 대치하고 있었는데, 일본군이 호기롭게 강을 헤엄쳐 건너는 시늉을 하자, 한강 북단을 방어하던 도원수 김명원이 병사들에게 무기를 버리게 하고 자신은 병사들의 옷으로 갈아입고 북쪽으로 달아나 버렸다. 이때 부원수 신각은 김명원을 따라가는 대신 따로 군을 이끌고 양주 방면으로 후퇴하였다. 이리하여 비어있는 한양을 점령한 고니시 유키나가는 성주가 성을 버리고 도망친 행동에 대해 매우 어이없어했다. 센고쿠 시대 당시의 다이묘들은 자신의 성城은 무슨 일이 있더라도 지켜야 했는데, 그런 생각을 하고 있던 고니시 유키나가로서는 도저히 선조의 몽진蒙塵을 이해할 수 없었다.

일본군이 부산포에 상륙한 4월 13일(음) 이후 20일 만인 5월 3일(음) 한양이 함락되었다. 기록에 따르면 고니시 유키나가가 동대문을 통해 가장 먼저 한양에 입성했고, 가토 기요마사가 뒤이어 남대문을 통해 들어왔다(일제 강점기 때 남대문이 도시개발계획으로 철거될 위기에 있었는데, 당시 한성신보 사장이었던 나카이 기타로가 남대문을 가토 기요마사가 입성한 개선문이라 주장하여 보존됐고, 동대문도 같은 이유로 철거되지 않았다고 한다).

어가의 피난 행렬에 일부 백성들은 돌을 던지거나 물건을 던졌고, 궁궐의 내관, 궁녀, 당상과 당하의 관료들에게도 돌과 흙을 던지고 물건을 던졌다.

4월 30일 선조의 피난 행렬은 저녁 7시쯤에 임진강을 건너 개성의 동파 역에 도착하였다. 파주 목사 허진과 장단 부사 구효연이 그곳에서 임금에게 수라상을 준비하고 있었는데 선조를 호위하느라 온종일 굶은 선조의 시종들이 수라간으로 들어와 음식을 모두 먹어버렸다. 그리하여 임금에게 드릴 음식이 없어지자 허진과 구효연은 처벌이 두려워 임금을 버린 채 도망가버렸다. 그렇게 우여곡절 끝에 임금과 신하들은 5월 1일 개성에 도착했다. 어가가 떠난 뒤 백성들과 노비, 광대, 서얼 등은 궁궐에 불을 질렀고, 이때 호조에 있던 노비 문서와 호적이 상당수 화재로 전소되었다.

5월 1일 선조와 일행은 개성 판문에 있었는데 개성에 살고 있던 한 백성이 선조를 향해 "상감은 그동안 민생은 뒷전이고 수많은 후궁의 배를 불리기에만 열중했고, 후궁의 오라비 김공량만 사랑하는 것을 제일 계책으로 삼다가, 오늘날 이런 일을 당했으니 어찌 김공량을 시켜 왜적을 토벌하지 않느냐?"라고 아우성치기도 하였다. 선조 일행을 본 어느 지역의 백성은 "너 같은 것도 임금이냐!"라며 돌팔매질을 날렸다고 한다.

조선이 패주를 거듭하고 있을 때 양주에서 반가운 소식이 들려왔다. 김명원과 헤어진 신각이 양주 해유령에서 매복해있다가 마을을 약탈하는 일본군을 기습해 70명의 목을 벤 것이다. 이번 승리는 조선군이 거둔 첫 번째 승리이기도 했다. 비록 소규모 전투였지만 연전연패連戰連敗하는 조선 입장에서 일본군에 대한 패배 의식과 두려움을 떨쳐버릴 수 있는 매우 큰 의미가 있는 승리였다. 징비록에서는 신각을 청렴하고 신중한 인물로 묘사했고, "신각이 연안부사로 있을 때 최선을 다해 전쟁 준비를 하였다"라는 기록도 있다.

하지만 한강을 방어할 때 신각의 상관이었던 김명원은 신각이 제멋대로 다른 곳으로 도망쳤다는 보고를 올렸고, 조정에서는 선정관을 보내 신각을 처형하게 하였다. 그리고 얼마 후 해유령에서 승전보가 날아오자, 조정은 급하게 사람을 보내 신각의 처형을 멈추게 했지만, 그들이 도착했을 때는 이미 신각의 처형이 이루어진 뒤였다. 그렇게 신각은 억울한 죽음을 맞이했다.

| 이순신의 출전 장계

한편 한양에 입성한 일본군은 혼란에 빠졌다. 한양에서 선조를 생포해 항복을 받고 이어서 다음 작전을 펼칠 계획이었는데, 선조의 몽진으로 일본의 전쟁계획이 완전히 틀어져 버렸기 때문이다. 이런 상태로 장기전에 돌입하면 명나라의 참전과 본국에서의 보급 문제 등으로 일본군이 고려해야 할 상황이 많아졌기 때문이다. 하지만 일본의 후속 부대가 계속해서 조선 땅을 밟고 있었고, 일본군이 조선의 곡창지대인 전라도 지역을 차지하게 된다면 전쟁을 유리하게 끌고 갈 수 있었다. 또한, 전라도는 다른 지역으로부터 병력이나, 보급품 지원 등을 기대할 수 없는 상황이라 왜군이 전라도를 차지하는 것은 시간문제로 보였다. 하지만 전라도에는 권율 장군과 이순신 장군이 있었다.

동래성이 함락된(것은) 1592년 4월 16일 밤 10시였다. 전라 좌수사 이순신은 경상 우수사 원균의 파발 서신을 받고 전쟁이 발발했다는 사실을 처음 알게 됐다. 이후 이순신은 섣부르게 행동하는 대신 첩보를 수집하고 아군과의 연락을 주고받으면서, 적의 동태를 주시하고 있었다. 또한, 그가 곧바로 출병하지 않은 이유는 왜의 고니시 유키나가의 제1군의 병력을 태우고 온 세키부네 전투선 함선의 숫자만 700척 이상이라는 첩보를 접하고 그들의 전술 등을 더 자세히 파악하고, 대비할 시간이 필요했기 때문이다. 그가 보유한 전라 좌수영의 판옥선은 24척이었다. 적은 수의 함선으로 적을 공격하기 위해 조선 수군의 전략과 전투 수행 방법에 대한 대비책이 필요한 상황이었다. 또한, 24척의 판옥선을 가지고 수백 척의 적선을 상대하기도 매우 곤란한 상황이어서 전라 우수사 이억기의 함대가 도착할 때까지 기다리기로 했다. 4월 30(음)일 이순신은 드디어 선조에게 출전 장계를 올렸다.

'지난날 부산과 동래 연해안 여러 장수가 만약 전선과 노를 잘 정비하여 바다 가득히 진을 치고 있다가, 왜적의 배들이 들이칠 위세를 보이면 정세와 힘을 잘 살피고 헤아려서 적절히 병법대로 나아가고 물러남으로써, 적들이 뭍으로 기어오르지 못하게 하였다면, 나라를 욕되게 하는 환란이 이렇게까지 되지는 않았을 것입니다.'

-부원경상도장赴援慶尙道狀

그런데 기다렸던 이억기의 전라우수군이 5월 3일 되어도 도착하지 않자, 이순신의 전라좌수군은 5월 4일(음) 단독으로 여수를 떠나 출정 길에 올랐다.

이순신 장군 1차 출정

| 옥포·합포·적진포해전

일본군이 침략하자 경상우수영 원균은 모든 배를 가라앉히고 육지로 도망가려 했다. 하지만 원균의 휘하장수 이영남이 군대를 버리고 달아나면 훗날 조정이 죄를 물을 때 해명할 길이 없다고 하면서, 전라도 수군에 도움을 요청하자고 말했다. 이영남의 말이 옳다고 생각한 원균은 여러 번 이영남을 이순신에게 보내 구원을 요청하였다. 하지만 임금의 명령이 없으면 관할구역인 전라도를 벗어날 수 없다면서 이순신은 거절하였다. 원균은 이영남이 빈손으로 돌아올 때마다 뱃머리에 앉아 통곡했다고 한다. 4월 27일(음) 원균을 도우라는 선조의 명령서가 도착하자, 이순신은 5월 4일(음) 판옥선 24척만을 이끌고 여수를 떠나 출정 길에 올랐다. 여수에서 통영 경상우수영까지 가는 길에 남해 현에 들렸을 때 고을의 현감과 수군들은 전부 도망가 버리고 없었다. 5월 5일 소리포에서 하루를 머물며, 재정비 후 5월 6일 당포지역에서 드디어 원균을 만나게 되었을 때, 이순신은 원균의 군세를 보고 깜짝 놀랐다. 원균의 관할지역의 현과 포구는, 전라 좌수영의 두 배가 넘는 구역을 보유했음에도 원균의 판옥선 숫자가 4척에 불과했기 때문이었고, 심지어 그 판옥선에서조차도 포나, 신기전을 하나도 구축하지 않은 빈 배와 같은 상태였다.

> '왜적이 바다를 건너오자 경상 우수사 원균은 대적할 형편이 못된다는 것을 알고 전선과 무기들을 모조리 바다에 가라앉히고, 수군 1만여 명을 흩어버린 다음 단지 옥포만호 이운룡, 영등포만호 우치적과 함께 남해바다에 머물러 있다가 육지에 올라 적을 피하려고만 하였다.'
>
> - 선조수정실록

원균은 보유했던 판옥선 대부분은 전부 수장시켜 버리고, 자신의 배는 도망가기 쉽게 배를 가볍게 할 목적으로 판옥선 내의 함포 등을 버렸기 때문이었다.

다음날 5월 7일(음) 본진보다 먼저 옥포만에 도착한 척후선이 적선을 발견했다는 것을 알리기 위해 신기전을 쏘아 올렸다. 이순신은 첫 전투에 앞서 긴장하고 있던 장수들과 병사들에게 이렇게 말했다.

"함부로 움직이지 말고 조용하고 무겁기를 태산같이 하라."

옥포만에는 50여 척의 적선이 정박해 있었는데 조선 수군이 도착했을 때, 일본 수군은 마음껏 약탈과 방화, 살인을 자행하고 있었다. 그래서 연기가 온산을 뒤덮고 있었고, 조총 소리가 사방에서 요란하게 울리고 있었다.

그때 조선 수군의 전함이 접근하고 있는 것을 확인한 일본군은 허둥대면서 배로 돌아가 조총을 쏘아대며 공격하기 시작했다. 일본군은 지금까지 조선군은 조총 소리만 들려도 혼비백산魂飛魄散하면서 도망가 버렸기 때문에, 당연히 조선 수군도 그럴 것이라 생각했다. 그러나 조선의 함선들이 소리 없이 뱀 사진 대형으로 점점 다가오더니 큰 징소리와 함께 서서히 좌선회 하여 일자진으로 대형을 갖춘 후 사격을 알리는 붉은 깃발이 대장기에서 올려지자 일제히 포를 쏘아대기 시작했다.

조총의 사정거리는 50m~100m에 불과하였고, 일본군 대포의 사거리 또한 300m지만, 긴 세월 동안 여러 번의 개량을 거듭한 조선의 대포 사정거리는 1,000m에 달했다. 그뿐만 아니라 조선의 대포는 쇳덩이, 돌, 화살 등을 포탄으로 사용할 수 있었다. 이순신은 또한 병사들에게 평소 활쏘기 훈련을 많이 시켰기 때문에 병사들의 활쏘기 기술은 많이 숙련되어 있었다. 활의 사거리는 숙련도에 따라 훨씬 길어지기 때문에 활쏘기 훈련은 수군의 전투력 유지에 매우 중요한 것이었다.

이순신 장군은 적선인 세키부내와 판옥선의 장단점을 알고 있었기 때문에 이러한 전략을 펼칠 수 있었다. 하지만 조선 조정의 비변사 대신들이나, 경상 좌수사와 경상 우수사의 지휘관들은 우리 판옥선과 적선인 세키부내의 장단점을 파악하지 못했을 뿐만이 아니라, 적의 전투 능력과 방법, 무기의 성능에 대한 무지 때문에 임진왜란 발발 13일 전에 선조는 '왜군은 수군이 강하기 때문에 조선 수군은 배를 버리고 육지에서 싸우라'는 전교를 내리기도 하였다.

전라 좌수영의 함선들은 적을 에워싸고 세계전사에서 처음으로 대포를 이용한 일시 집중타를 날리면서 적선을 공격하였다. 화포 공격에 이어서, 조선의 주력 선인 판옥선 앞으로 특공 선단이 나서면서 불화살을 날렸다. 조선군은 화살에 발화탄을 장착하여 쏘았는데, 일본 수군은 수만 발의 폭탄이 자기들 쪽으로 날아와 속수무책으로 당하고 말았다.

이날 전투가 끝났을 때 적선 28척이 침몰했고, 대략 4,000명의 일본 수군이 죽거나 수장되었다. 반면 조선 수군은 한 척의 배도 잃지 않았으며, 전사자도 없는 완벽한 승리를 거두었다. 옥포 해전은 조선이 일본군을 상대로 거둔 최초의 승리이기도 했다. 같은 날 이순신의 함대는 옥포 해전에서의 전투 피로와 휴식을 위해 합포 쪽으로 이동 중 적선 5척을 발견하고 일제 사격으로 격침 시켰다.

이튿날 5월 8일 좌수영 본진으로 복귀 중 적진포에서 또다시 적선 13척과 조우하였고 이 전투에서 모두 격침 시켰으며, 이후 이순신의 전라 좌수영 수군은 그동안 적에 대한 두려움에서 벗어나 많은 자신감을 가지는 계기가 되었다.

1차 출정 옥포·합포·적진포해전

　늦은 밤 드디어 함대가 전라 좌수영인 여수에 도착하니 모든 장졸이 감정이 벅차올라 흐느껴 울었으며, 좌수영에서도 관민들이 모두 나와 출정한 배가 도착하였을 때 울면서 맞이하였다. 1차 출정 세 차례의 전투에서 이순신의 수군은 총 42척의 적선을 격침 시키는 엄청난 전과를 거두었다. 이에 대해 이순신은 선조에게 장계를 올려보내면서 이렇게 말하였다.

"삼가 적을 무찌른 일로 아뢰나이다. (중략)
7일 새벽 다 같이 출발하여 정오에 옥포 앞바다에 이르니 척후장 김완과 김인영 등이 신기전을 쏘아 올려 변고를 알리므로 적

　　　　　　　　　　　　　임진왜란과 병자호란

선이 있는 줄 알고 다시금 여러 장수에게 신칙 하기를 '망령되이 움직이지 말고 산 같이 정중하라'고 지시한 후(중략)

흉악한 왜적들의 해독이 이 지경에 이르러 벌써 살육도 많고 사로잡고 노략질한 것도 많아 이 지방에 사는 창생들로 고아가 되지 않은 자가 없습니다.

(중략)

신이 이번에 연해안을 여러 번 돌아보니 지나는 산마다, 피난민들이 없는 데가 없고 신의 배를 바라보고는 아이, 어른 할 것 없이 메고 지고 서로 이끌고 달려와 흐느껴 울고 부르짖으며 마치 살길이나 얻은 것처럼 하는 것이었습니다. 또 혹은 왜적의 종적을 알려주는 이도 많았습니다.

참으로 너무 참담하여 모두 싣고 가고도 싶었으나, 그 수가 너무 많을뿐더러 전쟁하는 배에 사람들을 가득 싣고 운행이 어려울 일을 걱정해 뒷날 돌아갈 때 데리고 갈 것이니 각각 지혜롭게 잘 숨어서 적에게 들키지 말고 또 사로잡히지 말도록 하라고 간곡히 타일렀습니다.

(중략)

적군이 만일 뱃길로 전라도를 침범해 온다면 신이 나가 목숨을 걸고 싸우겠습니다. 하지만 적이 육지로 침범해 온다면 대응해 볼 도리가 없습니다."

-옥포파 왜병장

玉浦破倭兵狀

이순신 장군은 1차 출정 후 성과를 난중일기에 다음과 같이 기록하였다.

'각종 노획품은 5칸 창고에 쌓고도 넘쳤다. 쌀 300여 섬은 노 젓는 군사와 활 쏘는 군사들 중 배고픈 이들에게 적당히 분급하고, 의복과 무명베 등은 모든 군사에게 두루 나누어 주었다. 왜적을 무찌르고 나면 이익이 따른다는 마음이 생기도록 해 군사들의 사기를 돋운 것이다. 또 전쟁에 쓸 수 있는 물품은 분류해 따로 잘 간수해 두었다.'

왜군이 옥포에서 이순신 장군의 수군에게 패하였다는 소식은 도요토미 히데요시에게 보고되었다.

'적은 전라도 지역에 근거를 둔 조선 수군인 듯합니다. 나타나고 사라지는 것이 눈 깜짝할 사이에 이루어졌기 때문에 그 행방과 병력, 적장에 관한 것은 자세히 알 수 없습니다. 100여 척이나 되는 전선이 한꺼번에 달려들었다는데, 이것이 적이 보유한 모든 병력인지 아니면 일부인지는 아직 확인할 길이 없습니다. 옥포에서는 수천의 사상자가 생겼고 거의 모든 전선이 해전 중 파괴되거나 전소되었습니다.'

보고를 받은 히데요시는 '조선 수군의 실체와 행각, 그리고 그 전의 해전 상황들을 빠짐없이 보고하라'라고 지시하면서 다음과 같이 명령했다.

다음의 사항들을 우키타 사령부에 전하라.
첫째, 지체 말고 조선왕을 사로잡을 것.

둘째, 속히 전라도를 속지로 삼아 원정군의 식량을 현지에서 조
　　달할 것
셋째, 남해안 일대를 거점화하고 성을 쌓을 것.
넷째, 남아 있는 조선의 수군들을 찾아내서 철저히 섬멸할 것.
다섯째, 서해안 돌파를 서두를 것.

　첫 승전보를 받은 선조는 이순신에게 정2품 정헌대부로 승진시켜
주었다. 지금까지도 여수에서는 해마다 이순신 장군의 제1차 출정을
기려 5월 초가 되면 진남제鎭南際를 행하고 있다.

■06 이순신 장군 2차 출정

| 사천해전

1차 출정에서 승리한 이순신은 2차 출정 전까지 전라좌수영의 수군은 진법훈련, 포격술, 활쏘기 훈련 등 많은 실전 훈련을 시행하였다. 좌수영의 군사들도 아무 불만 없이 묵묵히 훈련에 적극적으로 임하였다. 그들은 훈련만이 전장에서 승리하고 스스로 살아남을 수 있는 길임을 잘 알고 있었기 때문이었다. 그러는 동안 경상우수영 쪽으로 왜군 수군의 침범이 잦아지고 있다는 첩보를 접하고, 전라우수영의 이억기 장군에게 6월 3일경에 함께 모여 출정하기로 약조하였다.

5월 27일 경상 우수사 원균이 급보를 보내 왜군 선단 10여 척이 사천과 곤양으로 침범해 공격하므로 자신은 남해도에 있는 노량으로 옮겼다는 서신이 도착하였다. 이에 이순신은 노량해협이 전라좌수영의

임진왜란과 병자호란

여수와 배로 반나절의 짧은 거리라 여수 또한 안전하지 못할 위험과 적이 곤양으로 상륙해 순식간에 전라도로 진격할 수 있으므로 적들이 전라 좌수영 쪽으로 들이닥칠 것을 염려하였다. 그리하여 전라우수영 이억기 함대와 출전하기로 약속한 6월 3일(음)보다 3일 앞당겨 5월 29일(음)에 판옥선 21척과 거북선 2척 등 총 23척의 함대를 이끌고 출정 길에 올랐다.

원균과 노량에서 만난 이순신은 곧장 사천해협으로 진입하여 왜선 13척을 발견하였다. 그중 한 척은 진입 과정에서 격파하였으나 나머지 적선 12척은 사천항에 정박한 채 섣불리 공격대형을 갖추지 않고 바라만 볼 뿐이었다. 이에 이순신의 함대는 뱀 사진 대형을 유지하여 적선 근처까지 근접 기동하였으나 적선은 미동도 하지 않은 채 단지 소리만 지를 뿐 반응이 없었다. 그들도 지난번 옥포 해전에서 조선 수군의 위력을 익히 알고 함부로 움직이지 못하는 것이었다.

이에 이순신은 때가 간조 시간(썰물)이어서 함대로 해안 가까이 공격 시 기동 간 배가 주변의 암초에 부딪힐 위험이 있어, 적을 유인하기로 결심하고 함대를 일자진 대형을 유지한 채, 물러나게 하였으나 적은 일정한 거리까지만 공격하는 척하다가 멈춰서 경계만 하고 있었다. 이렇게 조선 수군과 왜군과의 대치상태가 계속되는 가운데 드디어 간조(썰물) 시간이 지나고 만조(밀물) 때가 되니 이순신은 거북선 2척을 향해 돌격명령을 내렸다.

판옥선을 후방에 대기시킨 상태에서 거북선 2척만 적선 쪽으로 전진시키면서 나아갔다. 적은 조선 수군 2척만 진격해오는 것을 가소롭게 생각하였으며, 거북선이 적의 조총 사거리 안에 들어오니, 일제히 조총 사격을 하면서 총공격을 퍼붓기 시작했다. 적들은 거북선이 조선 수군의 판옥선에 거적만 덮은 채 공격해오는 것으로만 생각하였다. 거적 안쪽에 조선 수군과 일본 수군이 백병전을 벌일 때를 대비하여 군사들이 숨어 있을 것이라 판단하여, 거적 부분과 배의 중앙 아래를 향해 일제히 조총을 쏘아대기 시작하였다. 그러나 총알이 팅팅하면서 모두 팅겨나가 버렸고, 배 부분을 조준 사격을 해도 툭툭하면서 총알이 모두 박혀 버리고 배의 갑판을 뚫지 못하였다(사실 조총의 위력은 나무판자 두께 5cm 정도를 뚫을 수 있는 위력이었으나, 조선의 판옥선이나, 거북선의 두께는 15cm이상 이었다).

  그러다 갑자기 거북선 선수인 용머리 쪽에서 대포가 나오면서 포를 발사하니 근처에 있던 적선 한 척이 순식간에 격침되었다. 계속하여 거북선이 왜선인 세키부내의 측면으로 돌진하자 거북선의 노와 세키부내의 노가 서로 부딪히니 세키부내의 노가 전부 산산조각이 나버렸다(세키부내의 노는 일인용이며, 거북선의 노는 4~5명이 한 조가 되어 젓는 매우 크고 무거운 노였다). 거북선이 적선을 두 갈래로 나누면서 적선 중앙으로 돌진하면서 포를 쏘아대니 왜선은 순식간에 혼란과 전투 불능상태에 빠져버렸다. 이에 왜군은 가까이에 있는 거북선의 거적이 덮여있는 배 상판 위로 뛰어들며 백병전을 전개하였으나, 뛰어내린 병사마다 비명을 지르며, 피를 흘리고 괴로워하면서 전투 의

지를 완전히 잃고 울부짖고 있었다. 거적으로 덥힌 거북선의 상판은 모두 쇠못이 촘촘하게 박혀 있었기 때문이다.

이 광경을 멀리서 주시하고 있던 대장선에서 붉은 깃발과 징소리가 널리 울려 퍼지며 돌격명령이 내려졌고, 이순신 함대는 순식간에 적선을 공격하여 죽이거나 수장시켜 버렸다. 이 전투에서 조선 수군과 일본 수군과의 근접전투로 인해 이순신은 왼쪽 어깨에 조총에 의한 부상을 당하고 말았다. 이에 대해 전투 후 1593년경 이순신은 류성룡에게도 자신의 부상에 대해 편지를 남기기도 하였다.

'접전할 때에 스스로 조심하지 못하여 적의 총알에 맞아 비록 죽을 지경에 이르지는 않았으나 어깨뼈를 깊이 상한 데다, 또 언제나 갑옷을 입고 있으므로 상한 구멍이 헐어서 진물이 늘 흐르기 때문에 밤낮없이 뽕나무 잿물과 또는 바닷물로 씻고 있지만, 아직 쾌차하지 못하여 미안합니다.'

이번 사천해전에서는 전투 중 적선 1척을 남겨두었는데 만일 적선을 전부 격침할 경우 적이 육로로 적의 본진인 부산포까지 퇴각할 때 조선 백성들에게 저지를 만행을 방지하기 위함이었다. 적들이 다음날 배를 이용하여 철수할 것을 예상하고 사천해협의 끝인 모지랑포에 매복해 있다가 철수하는 적선을 격침하였으니 이것이 사천해전이었다.

이순신의 함대는 사천해전에서 전투승리 후 사량도까지 이동한 다음 전투휴식을 취하는데, 1차 출정에서는 사흘간의 전투 기간 전부 배 위에서 휴식을 취했으나, 이번 2차 출정에서는 사량도인 육지에서 병사들에게 휴식을 취하게 하였다.

1차 출정 당시의 전라좌수영 수군들의 전쟁 공포심은 실로 엄청난 것이었다. 그리하여 육지에서 휴식 간 혹시 모를 탈영 등을 방지할 목적으로 이순신은 수군들에게 선상에서 휴식을 취하게 했으나, 2차 출정에서 육지에서의 휴식은 조선 수군들이 1차 출정과 2차 출정으로 옥포와 사천해전에서 승리한 자신감으로 사기가 충분히 올라왔기 때문이었다. 이제는 조선 수군들이 지휘관에 대한 믿음과 함께 적에 대한 공포심이 사라지면서 전사의 기질이 올라오고 있었다.

사량도에 도착하여 병력들에게 휴식을 취하게 하니 사량도 주민들이 놀라 기뻐하며, 울며 나와 대접하니, 병사들 모두 슬픈 표정으로 수사께서 총상을 당했다고 말하면서 군인들의 표정이 밝지 못했다고 한다. 이순신은 왼쪽 어깨에 박힌 총알을 빼낸 다음 휴식을 취하고 있는 병사들을 위로하고 격려하였다.

| 당포·당항포·율포해전

6월 2일 당포 지역에 왜군 수십 척이 정박해 있다는 첩보를 입수한 이순신은 출전 명령을 내리면서, 사량도에서 판옥선으로 한시진(2시

임진왜란과 병자호란

간) 거리인 당포로 진격하기 전에 곤리도를 돌아 영화리에서 수척의 배를 매복시켜 혹시 있을 전투 중 배후에서 적선의 공격을 대비한 후 나머지 배들을 몰아 당포 지역으로 돌격하였다. 이러한 작전은 당포 지역의 수심 깊이가 사천해협보다 훨씬 깊어 조수간만의 차 등으로 작전 수행의 애로사항이 없었기 때문이었다.

당포 지역에 주둔하고 있던 왜선은 큰 배인 안택선을 합쳐 21척이었는데, 갑자기 조선 수군이 들이닥치자 우왕좌왕만 하고 있었고, 안택선에서 황금 부채를 든 적장은 보무도 당당하게 거북선이 돌격하는데도 두려워하지 않고 주시하고 있었다.

거북선이 돌격하면서 안택선의 측면을 충격하자 안택선이 기우뚱하면서 자세가 흐트러질 때 뒤따르던 순천부사 권준의 활에 적장이 맞아 죽어버렸다. 적 사령관이 활에 맞아 쓰러졌을 때 조선 수군이 뒤이어 안택선에 올라 적 사령관의 목을 베어 버리니 나머지 왜선은 전의를 상실해 배를 버리고 전부 육지로 도망가 버리고 말았다. 이때 조선 수군의 배후에서 적선이 목격되어, 육지로 도망간 적을 쫓는 대신 배후에 있는 적을 향해 뱃머리를 돌리니 적선은 도망쳐 버리고 말았다. 당포에서 승리 후 이순신의 함대는 고둔포에서 휴식을 취하였다.

6월 4일 이순신의 함대는 당포로 나와서 서쪽을 보니 대규모 선단이 접근해오는 것이 보였다. 바로 이억기의 전라 우수영의 함대였다. 이억기 함대가 6월 4일 전라좌수영인 여수에 도착하니 좌수영의 군사들이 먼저 출정하였다는 소식을 듣고 당포까지 한걸음에 달려온 것이었다.

전라좌수영의 병사들은 우수영의 병사들을 보고 기뻐 춤추고 울지 않은 이가 없었다. 지금까지 전라 좌수영의 병력만으로 전투를 수행하다가, 든든한 지원군이 도착하니 전라 좌수영의 병사들은 지금까지 전투에 대한 두려움과 불안, 초조, 공포에서 벗어나 이제는 적과 싸움에서 수적으로 해볼 만하다는 기대를 하기 충분했다. 드디어 조선 수군은 전라 좌수영의 판옥선 21척, 거북선 2척과 전라 우수영의 판옥선 25척, 그리고 원균의 판옥선 3척 등을 합쳐 판옥선 49척과 거북선 2척 등 51척의 대규모 함대를 구성할 수 있었다.

그동안 전략 전술면에서 많은 성공을 거두었고 크고 작은 해전에서 완벽한 승리를 이끈 이순신 장군이 전라우수영 이억기 장군의 추천을 받아 연합함대 사령관이 되었다. 이어서 척후선으로부터 적 수군이 당항포 쪽에 은거하고 있다는 첩보가 접수되었다. 당포해전 당시 조선 수군 뒤쪽에서 활동하다가 달아났던 왜선이었다.

이순신의 함대는 공세적 전술로 변경하여 당항포로 진격하였다. 당항포는 소소강이라 할 만큼 매우 협소하여 대규모 함대가 동시에 진입하기에 어려운 장소였다. 이순신은 먼저 당항포 입구 쪽에 판옥선 2~3척을 배치한 후 다시 당항포에 있는 적선을 정찰하고, 대규모 함대가 동시에 기동할 수 있는 장소인지를 파악하기 위해 판옥선 3척을 보내 정찰하게 하였다.

정찰선으로부터 신기전이 쏘아져 올랐고, 이순신은 이억기 함대를 당항포의 입구에 매복시킨 후 당항포 쪽으로 돌격하니, 적선 26척이

　　　　　　　　임진왜란과 병자호란

포구의 끝단에 몰려있어 오도 가도 못하는 처지가 되어있었다. 상황이 그렇게 된 데는 이유가 있었다.

임진왜란 발발 전 조선은 얼마 후 왜구가 침범한다는 소문이 전국에 파다하게 퍼져있었다. 고성 기생이었던 '월이'는 어느 날 승려인 손님을 받게 되었는데 그 승려의 말투가 조선 말투가 아니었고, 거동이 수상하여 의심하던 중 그 승려가 잠이 들었을 때 그의 짐을 풀어보게 되었다. 그 짐 속에서 조선의 바다가 상세히 기술된 지도가 나왔고, 평소 그림을 잘 그리던 월이는 승려 몰래 그 지도에 육지를 바다로 그려 두었다. 적선이 당항포 쪽으로 몰래 빠져나가기 위해 월이가 그린 지도를 보고 따라갔다가 포구에 갇혀버린 것이다.

이순신의 판옥선이 적선을 향해 돌격해 나가니 적들은 안택선 4척으로 방파제를 엄호 삼아 저항하기 시작했다. 이에 이순신은 정면으로 전투가 벌어지면 피아간에 피해가 크리라 판단하여 유인작전을 펼쳤다.

일본군이 조총을 쏘아대면서 공격하니, 이순신의 함대는 짐짓 두려운 척 물러나니, 적선 세키부내 4~5척이 안택선 1척을 호위하면서 당포항 쪽으로 조선 수군을 따라 나오는데 이때 적 안택선은 쌍돛을 달고 달아날 생각만 하고 있었다(원래 전투 시에 돛은 불화살의 표적이 되어 내려두고 싸우는 것이 기본이었다).

이윽고 당포항 입구를 지나 넓은 바다에 도착한 이순신의 함대는 뱃머리를 적선을 향해 돌리면서 학익진을 펼쳤고, 미리 당포항 입구에 매복해 있던 이억기의 전라우수영의 함대도 일본 함선을 포위하면서 학익진을 펼쳐 적선을 완전히 포위하였다.

이순신은 거북선에 돌격명령을 내렸다. 거북선은 안택선을 향해 돌격하여 용머리에서 대포로 안택선의 누각을 맞추고 모리 사령관을 그 자리에서 죽이고, 뒤이어 학익진을 펼치고 있던 조선 수군의 판옥선이 다가와 공격하니 왜군들은 전의를 잃고 바닷속으로 몸을 던져버렸다. 이어서 조선군은 활과 노와 갈고리로 적을 무찌르기 시작했다.

이순신의 함대는 당항포에서 적선 26척 중 25척을 격침하는 큰 전과를 올리고 퇴각하면서, 방답첨사 이순신(충무공 이순신의 휘하 장수로 충무공 이순신李舜臣과 구분하기 위해 '무의공 이순신'이라고 부르며, 충무공의 「난중일기亂中日記」에 방답첨사防踏僉使라는 직위로 자주 언급되어 '방답첨사 이순신'이라고 불리기도 한다)에게 도망간 적선이 반드시 올 터이니 외산리 지역에 매복해 있다가 적선을 격침 시키라는 명령을 내렸다.

다음날 새벽 드디어 적선 한 척이 접근해오는데 적선에는 100여 명의 왜군이 탑승해 있었다. 방답첨사 이순신은 포를 쏘아 적선을 공격하였고, 적선이 거의 침몰할 상황이었는데도 왜장은 늠름하게 아군의 화살 공격을 막으면서 저항하였다. 이에 방답첨사 이순신이 직접 적장에게 10여 발의 화살을 쏘아 맞히었고 이윽고 적장은 바다에 떨어져 죽었다. 이때 죽은 적장이 '도쿠이 미치유기'였는데 명량해전에서 이순신과 한판 붙은 왜장 '구루시마 미시후사'의 형이었다.

이순신의 수군이 적 함대와 결전을 치르며 전과 확대에 집중할 때, 경상 우수사 원균의 판옥선은 싸움에는 관심 없이 침몰한 적의 수급을 베는 일에만 몰두하였다. 그리하여 전라 좌수영의 1차, 2차 출정에서 적의 수급을 베어 조정에 보고한 것보다 원균의 부대가 수급을 베어 보고한 것이 더 많을 정도로 원균의 수군은 적의 수급을 베는 일에 몰두하였다.

이에 대해 이순신은 '적의 머리 하나를 베느라 더 많은 적을 쏠 수 없다', '비록 목을 베지 못하더라도 힘써 싸운 자를 제일의 공로자로 정하겠다', '너희들의 용전 여부는 내가 직접 보고 있지 않으냐?'는 말로 부하들을 격려하였다.

이순신은 원균의 행위를 매우 못마땅하게 여기고 원균과 거리를 두는 계기가 되었다. 또한, 원균은 임금에게 올리는 승리 장계를 이순신과 공동으로 올리자고 제안했다. 이순신이 원균의 제안을 무시하고 단독으로 장계를 올리면서 원균은 이순신에게 불만을 품게 되었다.

이순신은 한 명의 적군 수급을 베는 것보다 올바른 전투와 협동작전으로 완벽한 작전을 구사하여 적선을 격침 시키고 전투에서 승리하는 것이 훨씬 더 효과적이라는 것을 잘 알고 있었기 때문이다. 그런데 조정에서는 원균이 이순신보다 훨씬 더 많은 적군의 수급을 베어 올리니, 비록 원균이 배를 스스로 수장시켰지만, 전장에서는 이순신보다 더 용감하게 싸우는 훌륭한 장수라고 생각하게 되었다.

6월 7일(음) 당항포 해전을 완벽하게 수행하고 퇴각하던 연합함대는 견내량으로 이동하던 중, 적선 7척을 발견하여 추격하니 적군이 배 위에 있는 모든 것을 던져버리고 도망치기 시작하였다. 율포 지역까지 도망친 적선은 배를 버리고 육지로 도망하기 시작하였는데 이순신의 연합함대가 포를 이용하여 적선 7척을 모두 격침 시켰고, 육지로 도망 간 적군을 활로 쏘아 많은 적군을 죽이면서 완벽한 승리를 거두었다.

'왜적들은 목이 잘리고 물에 빠져 죽어 모조리 섬멸되니 여러 장병이 속이 다 후련했습니다. 가덕에서 수색하던 날, 그대로 부산 등지로 가서 적의 종자까지 찾아내어 없애버리고 싶었으나 (중략) 우리 병사들이 너무 지쳐있고, 군량미도 바닥났고, 화약도 떨어져 훗날을 기약했습니다. (중략)'

-당포파왜병장

6월 8일과 9일 이틀 동안 이순신의 연합함대는 옥포와 통영 등 남해안 지역을 수색하였지만 더 이상 일본 수군이 나타나지 않아 연합함대는 미조항 근처에서 해단식을 하였다. 2차 출정에서 적선 67척을 격침 시켰으며, 적 사상자는 8,000~9,000명이었다. 조선 수군은 전사자 13명뿐으로 엄청난 승리를 거두었다.

이순신의 2차 출정에서 승리의 의미는 1차 출정에서의 승리는 조정이나, 백성들이 이순신의 승리에 대해 반신반의^{半信半疑}하는 상황이었으나, 2차 출정에서의 승리는 조정과 조선 백성들에게 확실한 믿음과 자

임진왜란과 병자호란

신감을 갖게 됨과 동시에 그동안 일본군의 군사력에 두려워 도망갔던 지방관들과 군사들까지도 자신감과 희망을 지니고 돌아오게 되었고, 조선 팔도 전 지역에서 의병이 들불처럼 일어나는 원인이 되었다.

일본은 서해로 진출해 보급품과 군사를 이동시키려는 계획과 전라도를 점령하려는 계획에 큰 차질을 빚었다. 그리하여 도요토미 히데요시는 이제는 조선 수군과의 접전을 금하라 하면서 조선 수군이 나타나면 무조건 도망가라는 명령을 내렸다. 이어서 일본의 유명한 수군제독들을 불러모았으며, 더 많은 함선을 모아 부산으로 파견하기 시작하였다. 이순신을 제압하여 서해안의 제해권을 확보하고 원활한 보급물자 수송과 전라도를 점령하기 위해서였다.

■07 용인 전투

　이순신의 바다에서의 승리는 육지의 승리로 이어지지 않았다. 육지에서 연이은 패배는 조정과 백성들에게 좌절감과 공포심만 더하였다. 김명원이 한강 방어선을 수비하지 못하고 왜군이 한양을 점령하였다는 소식을 들은 선조는 5월 1일 개성에서 광해군을 왕세자로 책봉한다는 교서를 반포하고 서둘러 분조를 명령하였다. 선조는 권력을 왕세자에게 나누어 주어 평안도와 함경도, 강원도, 황해도 등지에서 민심을 수습하고 의병을 모집하도록 하였다. 이에 광해군은 평안도 쪽으로, 임해군과 순화군은 함경도와 강원도 지역에서 민심을 수습하고 의병을 모집하기 위해 각기 길을 떠났다.

　선조는 김명원에게 죄를 묻는 대신 임진강의 방어를 맡겼고, 신할(신립의 동생으로 형을 닮아 용맹하나 성격이 급하고 신중하지 못한 성격)과 한응인(문관 출신으로 좌의정 윤두수의 추천을 받은 인물로 추

　　　　　　　　　　　　　임진왜란과 병자호란

천 사유가 얼굴이 복이 많다는 이유였다)을 보내 김명원을 돕게 하였다. 이어서 선조 자신은 개성을 떠나 5월 6일(음) 평양에 도착하였다.

당시 선조가 몽진하면서 임진강을 건넌 후 임진강에 있던 배들을 전부 임진강 북쪽에 묶어놓아 일본군이 임진강을 건널 방법이 없어 북쪽으로 진격이 지체되는 상황이었다. 그리하여 임진강을 사이에 두고 조선군과 대치하고 있던 일본군은 어느 날 후퇴하는 척하며 병력을 뒤로 물리면서 조선군을 유인하니, 신할은 일본군을 공격할 기회라 생각하고 적을 추격해야 한다고 주장하였다. 한응인 또한 신할의 주장에 동조하니, 한강 방어선에서 패배한 김명원은 이것이 적의 유인계 작전임을 알고 반대하였으나, 김명원에게는 지휘권이 없었기 때문에 이들의 행동을 막을 방법이 없었다.

유극량을 비롯한 전투 경험이 많은 장수가 섣부르게 추격해서는 안 된다고 만류하였으나, 신할은 이들이 적이 무서워서 반대한다고 생각하여 반대하는 자 일부의 목을 베어 버리자 아무도 반대하는 자가 없었다.

신할이 이끄는 군사들이 배를 타고 임진강을 건너 왜군을 추격하다 그만 일본군의 매복에 걸려들고 말았다. 이날의 전투로 신할과 유극량이 전사하고 수많은 병사가 목숨을 잃었다. 병사들은 적을 피해 높은 절벽 위에서 강으로 뛰어내려 도망쳤으나, 대부분 익사하였고, 일본군은 조선군이 타고 건너온 배를 타고 임진강을 유유히 건너오기 시작하였다. 이 모습을 강 건너편에서 지켜보고 있던 김명원과 한응인은 재빨리 북쪽으로 달아나 버렸다.

하지만 조선에도 아직 희망은 남아 있었다. 바로 삼도 순찰사가 대군을 이끌고 북진하고 있었다. 경상 감찰사 김수의 병력, 전라 감찰사 이광의 병력과 충청 감찰사 윤국형의 병력 등 총 6만여 명이 북진 중이었기 때문이다. 그러나 군사들은 오합지졸烏合之卒로 군기도 없었고, 훈련도 받지 않았다. 이들 3도 근왕군의 행군 길이가 무려 50리가 넘을 정도였고, 이들의 모습이 흡사 양 떼들이 봄나들이 갔다 온 다음 축사로 들어가는 것과 같았다고 징비록은 기록하고 있다.

또한, 삼도순찰사 모두 문관이어서 군을 지휘하고 훈련하는 데 매우 서툴렀다. 조선군 10만의 병력이 한양으로 진격한다는 소식이 한양의 일본군에 전해지자 왜군은 깜짝 놀랐으며, 근왕군이 수원 쪽으로 진격해오자 수원의 독성산성을 점령하고 있던 왜군은 성을 버리고 도망쳐버렸다. 그리하여 실제 3도 근왕군 6만 명은 독성산성을 무혈입성하였다. 이로 인해 3도 근왕군은 사기가 충만하여 한양을 금방이라도 탈환할 것처럼 자신감이 넘쳤다.

이때 중위장으로 참전한 권율은 빨리 수도 한양을 향해 진격하자고 건의하였다. 독성산성을 나와 북진 중인 3도 근왕군은 수원 북쪽의 용인지역(광교산 일대)에 수백 명의 적군이 도망가지 않고 주둔하고 있다는 첩보를 받았다. 전라 순찰사 이광이 왜군을 물리칠 방도를 의논하던 중 그의 조방장(참모장수)이었던 백광언이 병력 1만이면 왜군을 섬멸할 수 있다고 하였다.

이에 이광은 백광언에게 병력 1만을 주면서 용인(광교산 일대)지역 왜군을 공격하라고 명령하였다. 조방장 백광언은 1만의 병력과 함께 적을 공격하였으나, 오히려 적의 조총에 맞아 전사하고 말았다. 맹장이었던 백광언이 사망하자 근왕군의 사기가 크게 떨어졌으며, 적은 비록 3도 근왕군의 군세가 크나 오합지졸烏合之卒이라는 것을 금방 알아차렸다.

용인(광교산)에 주둔하고 있던 왜군의 장군은 '와키자카 야스하루'였는데, 야스하루는 도요토미 히데요시로부터 최초 조선 침공 시 경상도 지역의 수군을 공격하라는 명령을 받은 인물이었다. 당시 고니시 유키나가 군이 처음 부산 앞바다에 쳐들어왔을 때 경상 좌수사 박홍과 우수사 원균이 도망치거나 배를 수장시킴으로써 싸울 상대가 없어지자 육지로 상륙하여 한양 근처까지 진격한 부대였다.

야스하루는 예하 병력 600명을 용인(광교산 일대)에 주둔한 채 본인은 한양 근처까지 진격한 상태에서 3도 근왕군이 한양을 구하기 위해 북진 중이라는 소식을 듣자, 야스하루는 예하 병사 1,000명을 뽑아 용인지역으로 내려보냈다. 와키자카 야스하루의 병력 1,600명과 조선 3도 근왕군 6만 명은 광교산 일대에서 대치하던 중 1592년 6월 6일(음) 아침, 야스하루의 병력이 조선군이 아침을 먹고 있던 집결지에 기습공격을 강행하였다. 3도 근왕병은 전술의 기본인 보초병이나, 정찰병도 세우지 않은 상태에서 아침밥을 먹던 중 적의 기습을 받고, 속수무책束手無策으로 유린당하였다. 실록에 의하면 조선군이 도망가는 모습이 '마치 산이 무너지고, 하수가 터지는 듯하였다'라고 묘사하였다. 6만의 대군이 1,600명의 일본군에게 무너지는 치욕적인 수모를 당한 전투였다. 이 전투에서 일본군이 살육한 조선군의 숫자가 1,000여 명이며, 나머지 대다수 사망자는 도망가다 밟히고 넘어져 죽은 이가 대부분이었다.

군을 이끌고 통솔하던 사령관이었던 김수, 이광, 윤국형은 병사들을 수습할 생각도 하지 않고 모두 도망쳐버렸다. 오직 권율 장군과 황진 장군만이 병력을 온전히 보존한 채 퇴각할 수 있었다.

3도 근왕군이 대규모 군량미와 병장기를 버리고 도망함으로 전쟁으로 인해 근처에 피난 가 있던 백성들이 굶어 죽기 직전에 그 군량미로 생계를 유지하였다고 한다. 지금까지 조선은 부산진성이 함락당하고 20일 만에 수도 한양이 왜군의 수중에 넘어갈 때까지 싸움다운 싸움 없이 무기력한 모습만 보여주었다. 그러므로 최소한 3도 근왕군만이라도 한양을 되찾는 용맹한 모습을 보여주어야 했지만, 결과는 참혹한 패배로 끝나고 말았다.

임진왜란과 병자호란

08 선조의 의주 파천

임진강을 건너 황해도로 들어선 고니시 유키나가 군과 가토 기요마사 군은 회의를 열어 각 군이 어디로 진출할지 논의하고 있었다. 서로 선조를 사로잡고 공을 세울 수 있는 평안도로 가길 원했지만, 결론이 쉽게 나지 않아 제비뽑기로 하였고, 그 결과 고니시 유키나가는 평안도로 가토 기요마사는 함경도로 진격하게 되었다.

1592년 5월 29일(음) 개성에 입성한 일본군이 곧 평양을 향해 진격해 올 것이라는 소문이 널리 퍼졌고, 이에 따라 선조가 평양을 떠날 것이라는 소문이 무성하였다. 선조는 불안해하는 백성들에게 평양성을 굳게 지키겠다는 약속을 했고, 일본군이 쳐들어온다는 소문에 피난 갔던 백성들이 선조의 말을 굳게 믿고 하나둘씩 평양성으로 돌아왔다.

하지만 조정에서는 피난을 떠날지를 두고 열띤 논쟁이 벌어지고 있었다. 피난을 찬성한 이는 얼마 전 복직한 정철이었고, 류성룡, 윤두수 등은 며칠만 평양성을 굳게 지키면 명나라군이 구원하러 올 것이라 주장하였다. 그러나 선조의 마음은 이미 평양을 떠나 있었다.

이때 장수 이일이 선조가 있는 평양에 도착하였다. 이일은 그동안 많은 고생을 하였는지 행색이 매우 초라하여 그를 아는 사람들 모두 탄식할 정도였다. 임진강 방어선이 무너져 곧 평양에 일본군이 들이닥칠 것을 안 조정은 이일에게 평양성 앞에 흐르는 대동강을 지키라는 명령을 하달하였다. 이일은 여러 번의 독촉에도 머뭇거리면서 길을 떠나기를 주저하였다. 전쟁의 참상을 목격하고 패전의 악몽이 가시지 않은 이일은 공포와 두려움이 컸던 것이다. 용기를 낸 이일이 대동강변에 도착했을 때 이미 적병 수백 명이 강을 건너려고 하고 있었다.

아슬아슬한 시간에 도착한 이일과 병사들이 강을 건너오려는 적군에게 활을 쏘아 맞혀 죽였고, 이윽고 적군은 도망가기 시작했다. 이렇게 이일은 간신히 일본군의 도강을 막아냈다.

| 평양성 함락과 풍전등화의 운명

1592년 6월 5일(음) 명나라의 사신 임세록이 일본군의 조선 침략 사실을 조사하기 위해 평양에 도착했다. 명나라에서는 전쟁이 발발한 지 한 달밖에 지나지 않았는데 평양이 일본군에 함락되었다는 소식이

임진왜란과 병자호란

들리자 조선이 일본군의 정명가도征明假道에 길 안내를 하는 것인지 의심하였다. 선조는 임세록을 만나 이렇게 말하였다.

"태평을 누린지 오랜 까닭으로 백성들이 병사兵事를 몰라 왜적이 열흘 만에 내륙의 고을 들을 연거푸 함락시켰소, 명나라에 걱정을 끼쳐드리고, 여러 대인까지 수고롭게 하였으니, 부끄럽고 송구스러움이 더욱 깊소이다."

선조는 류성룡을 불러 임세록을 접대하게 했는데 류성룡은 임세록을 일본군이 보이는 대동강 변으로 데리고 갔다. 그곳에서 일본군의 정찰병을 확인한 임세록은 그때야 의심을 풀었고, 위급함을 알리는 공문서를 작성하여 급히 명나라로 돌아갔다.

임세록의 보고를 받은 명의 대신들은 여전히 조선을 의심하면서, 명이 조선을 구원하는 것을 반대했다. 오직 군권의 실세였던 석성石星만이 조선을 도와야 한다며 이렇게 말했다.

"흔히 왜국은 멀어서 그들의 성패는 명과는 관계없다고 한다. 하지만 만약 왜놈들이 조선을 점령하면 곧바로 명으로 진격하여 올 터인데 어찌 보통의 예로서 의논하겠습니까?"

결국, 명나라는 조선에 군대를 파견하고 추가로 은 3만 냥을 지원하게 되었다. 이런 결정을 하게 된 데는 석성石星의 역할이 매우 컸다. 석성이 이렇게 조선에 호의적이었던 이유는 그의 부인이 조선의 역관이었던 홍순언에게 은혜를 입었다는 이야기가 있다.

홍순언이 젊은 시절 북경의 어느 기생집에 들렀는데 홍순언은 여기서 아리따운 기생 한 명을 만나게 되었다. 그녀는 홍순언에게 죽은 부모님의 장사를 치를 돈을 마련하려고 어쩔 수 없이 기생이 되었다고 하소연하였다. 기생을 불쌍히 여긴 홍순언은 그녀에게 아무런 대가도 요구치 않고 돈 300냥을 주었다. 이후 이 여인은 석성의 부인이 되었고, 석성은 세월이 흘러 명나라 조정의 실세로 올라섰다. 그는 옛날 부인이 진 은혜를 갚기 위해 조선 파병을 주장했다고 한다.

석성은 심유경을 유격장군(직책이 없는)으로 임명하고 일본군과의 협상을 담당하게 하였다. 선조는 평양성의 백성들에게 함께 싸우기로 약조까지 하였으나 얼마 후 평양성을 떠나 의주로 피난길에 올랐다. 이에 분노한 백성들이 길을 막으면서 이렇게 외쳤다.

"너희는 평소에 나라에서 주는 녹봉을 도적질해 먹다가, 이제는 나랏일을 그르치고 백성을 속이는 것이 이와 같은가?"

"이미 성을 버리기로 했으면서 왜 우리를 성안에 들여 넣어서 적의 손에 희생당하게 하는가?" 하지만 류성룡이 임금께서 끝까지 평양성에 남아서 지키겠다는 결정을 했다는 말로 사람들을 안심시키자 성난 군중들이 화를 풀고 물러갔다. 류성룡이 아니었다면 화난 군중들의 봉기가 일어나 선조의 신병까지 위험한 상황이 될 정도였다. 선조는 6월 11일(음) 몰래 평양성을 빠져나와 조선의 최북단인 의주로 향했다. 선조는 떠나면서 윤두수, 김명원, 이원익에게 평양을 지키라는 명을 내렸다.

이때 평양의 조선군의 숫자는 5,000여 명이었다. 반면 일본군 제1군

임진왜란과 병자호란

고니시 유키나가의 군과 제3군 구로다 나가마사의 병력은 20,000명을 훌쩍 넘었고 조선과 일본군은 대동강을 사이에 두고 대치하고 있었다. 당시 평양에는 오랫동안 비가 내리지 않아 대동강의 수량이 나날이 줄어들고 있었다. 특히 상류 쪽 왕성탄에는 수심이 얕은 여울이 많아 일본군이 이 사실을 눈치채고 그곳으로 건너오면 평양을 막을 길이 없었다.

6월 14일 김명원의 지시를 받은 고언백은 400여 명의 정예병을 이끌고 야음을 틈타 일본군을 공격했다. 야습에 놀란 고니시 유키나가의 제1군을 상대로 조선군은 많은 적군을 죽이는 성과를 거두었다. 하지만 얼마 뒤 구로다 나가마사의 제3군이 반격을 시도하자 고언백 등 조선군은 대동강을 건너올 때 타고 온 배들이 대기하고 있는 쪽으로 퇴각하였다. 이때 구로다 나가마사는 조선군이 쏜 화살에 맞아 상처를 입기도 하였다.

조선군이 공격 후 퇴각 시 태우고 가기로 약속했던 배들이 조선군과 일본군이 접전을 거듭하면서 강가에 다다르니, 배들이 겁을 먹고 강가에 배를 대지 않았기 때문에 많은 군사가 배를 타지 못하였다. 헤엄을 치지 못하는 병사들은 어쩔 수 없이 상류의 왕성탄을 건너 평양성으로 돌아갔다. 이 모습을 본 일본군은 그제야 상류 쪽 수심이 얕다는 것을 알고 대규모로 왕성탄을 건너 진격해오기 시작했다. 결과적으로 야음을 틈타 기습작전을 강행한 것은 득보다 실이 훨씬 큰 작전이었다. 적이 강을 건넜다는 소식을 들은 윤두수, 김명원, 이원익

등은 성문을 빠져나와 도망쳐버렸다.

다음날 6월 15일(음) 일본군은 조선군이 허겁지겁 도망가고 없는 텅 빈 평양성에 무혈 입성하였다. 조정에서는 주변 고을 등지에서 식량을 가져오게 하여 곡식 10만 석을 평양성에 비축하게 하였는데, 무능한 조선의 지휘관들이 도망가면서 10만 석의 곡식을 불태우거나, 옮겨가지 못해 고스란히 적의 수중에 떨어지고 말았다.

전쟁 발발 두 달 만에 조선의 마지막 보루였던 평양성마저 함락되니 조선의 앞날은 풍전등화風前燈火 신세였다. 하지만 일본으로서는 전쟁상황이 전혀 예상치 못한 상황으로 전개되고 있었다. 이순신의 수군이 1, 2차 출정에서 큰 승리를 거두었다는 소문이 팔도 모든 지역으로 삽시간에 퍼져 나갔다. 그리하여 각 지방에서는 의병들이 들불처럼 일어나 일본군들을 괴롭히기 시작하였다. 그렇기 때문에 일본군은 전국 어디에서든 식량과 보급품 조달 문제로 골머리를 앓고 있었다.

| 홍의장군 곽재우의 활약

조선의 관군이 패배를 거듭하고 있던 4월 22일(음) 경남 의령에서는 곽재우가 가장 먼저 의병을 일으켰다. 명문 가문 출신이었던 곽재우는 34세 때 과거에 급제하였지만, 벼슬에 오르지 못하고 고향 의령에서 은거하고 있었다.

일본군이 쳐들어 왔다는 소식을 듣자 곽재우는 자신의 전 재산을 털어 60여 명의 노비와 친지를 무장시켰다. 어느 정도 병사들이 모이자 곽재우는 낙동강을 따라 군수품과 병사들을 나르던 일본 수송선을 공격했다. 곽재우는 공격에 앞서 미리 강바닥에 말뚝을 박아놓고 말뚝에 걸린 일본의 수송선들이 움직이지 못할 때 일제히 화살을 쏘아 공격하는 방식을 사용하여 승리를 거두었다.

하지만 얼마 후 곽재우는 난관에 부딪히게 되는데, 당시 조정에서는 의병의 존재를 인정하지 않았다. 전쟁 초기 조정은 이들을 전란을 틈타 노략질을 일삼는 도적의 무리라 여겼다. 과거 곽재우는 경상도 순찰사 김수를 반역자라 비방하면서 그의 목을 베어야 한다고 격문을 쓴 적이 있었는데, 이것에 앙심을 품은 김수는 조정에 글을 올려 곽재우는 역적이라 말했다. 결국, 체포령이 떨어진 곽재우는 지리산에 숨어들었다. 다행히 초유사 김성일은 곽재우가 누명을 썼다는 사실을 알고 곽재우의 활약상을 알리는 장계를 적어 조정에 보냈다. 김성일의 장계로 인해 곽재우의 의병은 국가의 정식군대로 인정되었고, 조정으로부터 식량과 무기를 지급받게 되었다. 자신감을 얻은 곽재우는 더욱 대담한 행동을 하기 시작했고, 그의 명성을 들은 백성들이 하나둘씩 합세하여 병력이 점차 늘어나기 시작하였다. 이 무렵 곽재우는 항상 붉은 옷을 입고 싸웠기 때문에 백성들은 곽재우를 홍의장군이라 불렀다.

5월 말 일본인 승려 안고쿠지 에케이가 이끌던 일본군 2,000여 명의 선봉대가 곽재우의 본거지 의령을 지나가게 되었다. 이들의 목표는 조선의 최대 곡창지대인 전라도를 공격하기 위한 것이었다. 5월 24일 (음) 의령에 도착한 안코쿠지 에케이의 선봉대는 미리 정찰대를 보내 강을 지나는 푯말을 세우게 하였다.

이날 밤 곽재우는 일본군이 낙동강의 이동로 상에 미리 설치해 두었던 나무푯말의 위치를 늪지대 쪽에 꽂았고, 일본군이 지날 곳에 군사들을 매복시켰다. 이날 작전에 참가한 곽재우 군사의 수는 200여 명이었다. 날이 밝자 의병들은 나무푯말을 따라 늪지대에 들어서 허우적거리는 일본군을 보았다. 그들은 일본군을 향해 일제히 활을 쏘았고 많은 수의 일본군을 사살하는 전과를 거두었다. 곽재우에 의해 패한 안코쿠지 에케이는 패주하기 시작하였고, 결국 일본 육군 최초의 전라도 침략 시도는 좌절되었다.

평양을 빼앗기고 궁지에 몰린 선조와 조정은 광해군에게 분조를 이끌게 하였다. 광해군은 조선 각지를 돌아다니면서 군대를 조직하고, 군량미를 모으는 등 여러 가지 역할을 실시하였다.

또 전국 팔도에 초유사(나라에 난리가 났을 때 백성을 편안히 타이르는 자)를 임명하여 전국적으로 의병을 모으게 하였고, 초유사는 의병과 관군이 긴밀한 관계를 형성하는 데 일조하였다. 이어서 선조는 전국적으로 일어난 의병부대를 국가의 정식부대로 인정하였고, 이로 인해 의병부대는 관군으로부터 식량과 무기를 지원받을 수 있었다. 이런 조치들은 전국적으로 의병이 일어나는 결과를 낳았고, 결국 조선이 전쟁의 전세를 역전시킬 수 있는 발판을 마련하는 데 일조하였다.

■ 09 한산도 해전(대첩)

　　1592년 6월 말 일본 수군이 이순신 함대에 연전연패_{連戰連敗}하자 도요토미 히데요시는 그의 유능한 참모였던 구로다 간베에를 불러 조선의 수군 장수 이순신이 누군지 물어보았다. 구로다 간베에는 조선인 포로들에게 물어보아도 신립과 이일은 알아도 이순신은 잘 알지 못한다고 보고하였다. 그리하여 히데요시는 일본 수군 최고 권위자인 구키 요시타카를 불러 이순신과 상대하여서 이길 수 있는지 물어보았다. 이에 구키 요시타카는 이순신의 함대보다 두 배의 병력을 주면 이순신의 목을 베어 오겠다고 보고하였다.

　　이는 구키로서도 일본 수군의 전력이 조선 수군의 전력에 비해 열세라는 것을 솔직히 인정하는 것이었고, 또한 조선 수군이 보유한 판옥선의 위력이 대단하고, 조선의 수군 제독인 이순신의 지략과 작전능력이 매우 뛰어났음을 인정하는 것이었다. 조선 수군이 얼마나 일본 수군을 괴롭혔는지는 루이스 프로이스가 적은 「일본사」에 잘 표현되어있다.

'그들의 배들은 견고하고 장대했으며, 화약과 탄약, 군수품이 대단히 잘 갖춰져 있었다. 그들은 일본 전함을 만나면 습격하고 약탈하면서 해적질을 하며 다녔다. 또한 그들은 일본군보다 해전에서 우수해 일본군에게 계속해서 커다란 피해를 주고 있었다. 일본군은 해전에 대한 전술 식견이 거의 없었으며, 그들을 공격하기 위한 화기가 부족했으므로 해전에서 항상 최악의 상태가 되었다.'

기본적으로 일본 수군의 해상전법은 조총을 쏘면서 접근하여 배를 상대방 배에 밀착시켜 올라탄 다음 백병전을 치러 승리하는 전법이었다. 그러나 조선 수군에게는 이러한 전법이 전혀 통하지 않았다.

구키 요시타카는 도요토미 히데요시에게 부산항 쪽에 전함 70여 척이 있으니 전진기지 나고야에서 전함 70여 척을 더 건조하여 부산으로 보내 이순신과 결전을 해야 한다고 건의하였다. 이에 따라 나고야에서 건조된 전함 70여 척을 이끌고 구키 요시타카와 가토 요시아카가 부산항에 진출하였다. 이에 일본은 전함 140여 척을 보유, 이순신의 연합함대를 격파할 전력을 갖췄다. 더불어 히데요시는 용인 전투의 영웅 '와키자카 야스하루'를 부산에 있는 왜군의 본영으로 이동시켜 이순신의 수군과 일전을 벌일 해전에 참여시켰다.

당시 전투 지휘체계방식으로 조선은 기본적으로 관료체제 국가로서 총사령관의 명을 예하 부대 지휘관이 수명하고 따르는 것이 관례였고, 일본은 봉건주의 국가로서 영주(다이묘) 자신이 각각의 사령관으로 참전하여 스스로 책임지고, 작전을 펼치는 구조로, 다른 영주(다이묘)의 명령을 들을 필요 없는 오직 결과로서 책임지고, 관백(히데요시)에게만 충성하는 제도였다.

부산항에 일본의 많은 전함이 모여들고 있다는 소식이 조정에도 전해졌다. 선조는 전라 순찰사 이광을 통해 이순신의 연합함대가 부산으로 출정하여 싸울 것을 명령하였다. 이에 이순신은 전라 우수사 이억기 함대와 7월 4일(음) 여수에서 합류하여 출정하기로 약속하였고, 7월 5일 전라 좌·우수사는 여수에서 합류하여 작전 회의를 하였다. 전라 좌우 수군은 1592년 7월 6일 출항하여 노량해협에서 원균과 합류하였다. 이때 동원된 판옥선의 숫자는 이순신의 판옥선 24척, 거북선 3척, 이억기의 판옥선 25척, 원균의 판옥선 7척 등 판옥선 56척, 거북선 3척 등 총 59척이었다.

일본군은 일본군 수군 사령관 구키 요시타가의 세키부내와 안택선 70척, 와키자카 야스하루의 세키부내와 안택선 70척 등 140척이었다.

7월 6일 저녁 이순신의 연합함대는 창신도에서 하룻밤을 묵고 다음 날 아침 이동하여 당포에서 하룻밤을 보냈다(7월 7일). 이날 저녁 이 지역의 목동이었던 김천손이 견내량 북쪽 바다에 대규모 왜군의 함대가 있다는 이야기를 하였다. 다음 날(7월 8일) 아침 이순신의 연합함

임진왜란과 병자호란

대가 견내량으로 들어서니 견내량 북쪽에 적선이 전·후방으로 140여 척이 진을 치고 있었다.

　와키자카 야스하루 또한 조선 수군이 견내량 밖 당포 지역에 출현했다는 보고를 받고 있었다. 당시 일본 수군 사령관이었던 구키 요시타카의 함대 70여 척은 와키자카 야스하루의 함대 뒤에서 진을 치고, 와키자카 야스하루의 함대 70여 척은 그 앞에서 대형을 유지하고 있었다. 와키자카 야스하루는 용인 전투에서 1,600명의 병력으로 전라도 총사령관 이광의 부대 포함 삼도 근왕군 6만 명의 조선군을 격파한 장수였다. 그래서인지 와키자카 야스하루는 전라도 근왕군 총사령관 이광 부대의 예하 장수인 이순신에 대해 일종의 자만심이 있어서 와키자카 야스하루의 함대는 일본 수군 총사령관 구키 요시타카의 함대와 연합하여 대항하는 대신 와키자카 야스하루 함대 70척 전함이 주축이 되어 돌격해 오기 시작했다.

　견내량의 지형을 살펴본 이순신은 그곳이 좁고 암초가 많아 판옥선 수십 척이 들어가 전투를 벌이기에 불리하다고 판단하였다. 이에 이순신은 적을 유인할 계책을 가지고 견내량을 지나 한산도 앞바다 쪽으로 유인하여 포위섬멸 작전을 구사할 결심을 하였으나 원균은 오히려 돌격하여 싸울 것을 건의하였다. 연합함대 사령관 이순신은 그러한 작전을 펼치면 반드시 패할 것이라면서 유인작전을 펼쳤다. 이에 대해 이순신은 난중일기에서 원균은 병법을 잘 모르는 것 같다고 답답한 심경을 토로하였다. 이순신은 전라우수영의 이억기 함대 판옥선 25척을 통영 쪽에 매복시켰다. 또한, 경상 우수영의 원균 함대 판옥선 7척은 화도 우측에 매복시킨 후, 주력 전투부대는 이순신의 전라 좌수영의 함대가 맡아 앞으로 나아갔다. 전라 좌수영의 부대가 지금까지 많은 전투 경험을 쌓았고, 승리한 부대였기 때문에 사기가 충만하였기 때문이다.

이순신은 먼저 광양 현감이었던 어영담의 판옥선 5척을 견내량으로 진입하게 하여 와키자카 야스하루의 함대에 화포 공격을 하였고, 이에 와키자카 야스하루 함대 70여 척 또한 포로 응수하면서 앞으로 돌격해 나왔다. 이에 어영담의 판옥선 5척이 일본 수군의 기세에 못 이기는 척 후퇴하였고 뒤에서 대기하고 있던 본대도 후퇴하니 일본의 배들은 모두 돛을 달고 빠른 속도로 쫓아오기 시작했다. 실제 배의 속도는 조선의 판옥선보다 일본의 세키부내가 빨랐기 때문에 와키자카 야스하루는 일본함대가 충분히 조선의 판옥선을 따라잡을 것으로 판단하여 돌격해 왔던 것이다.

와키자카 야스하루의 함대가 겨우 견내량을 빠져나왔을 때 야스하루는 견내량 입구 양 측면에서 조선 수군이 매복하고 있을 것을 염려하였으나, 견내량 입구까지 일본함대가 돌격해 왔음에도 조선 수군의 매복공격을 받지 않자, 야스하루는 이순신의 작전능력을 비웃으며 계속해서 돌진해 왔다. 고증에 따르면 와키자카 야스하루의 일본 수군은 견내량 북쪽에서 한산도 앞바다까지(거의 직선거리 약 18㎞) 쉴 틈 없이 노를 저어 왔다.

임진왜란과 병자호란

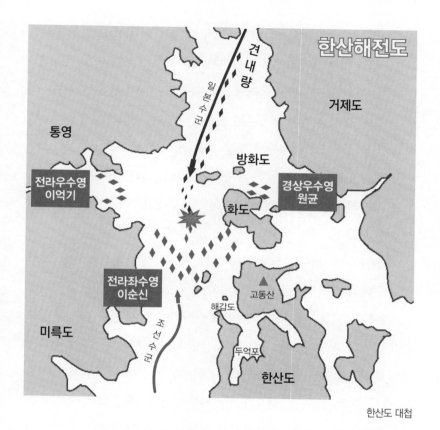

한산도 대첩

서서히 왜군의 격군들이 지쳐가고 있었고 일본의 함선들이 장사진長
蛇陣 형태로 이동했기 때문에 배들의 종심 길이가 점점 신장되어 함대
전체가 동시에 전투하기가 어려운 대형으로 전개되어 있었다. 이에 비
해 조선 수군의 대형유지는 나아갈 때나 물러설 때조차도 질서정연秩
序整然하여 대형이 흐트러짐이 없었다. 드디어 야스하루의 함대를 한산
도의 넓은 바다로 유인한 전라 좌수영의 함대가 3열로 후퇴하다가, 대

장선의 신호에 따라 서서히 좌우 열의 배들이 좌우 측으로 전개하였고, 중앙의 배는 제자리에서 적을 향해 돌아서니 학익진이 펼쳐졌다.

이순신은 거북선 3척에 돌격명령을 내림과 동시에 판옥선에서는 대포가 불을 뿜기 시작하였다. 이순신의 판옥선은 정면에서 포를 쏜 후 즉시 배를 돌려 좌 선수에서 포를 쏘는 방식을 택하였다. 이는 포의 열을 식히면서 연속사격을 가능케 하는 방법이었다. 판옥선은 평저선으로 제자리에서 기수 선회가 일본의 세키부내함(첨조선)에 비해 훨씬 양호한 배였다.

와키자카 야스하루의 일본함대 또한 이순신의 학익진 대형을 격파하기 위해 전속력으로 학익진 대형의 중앙을 돌파하기 위해 돌진하였다. 이에 이순신은 적의 전략을 미리 간파하여 적의 선두 함선에 집중적인 공격을 퍼부어 적의 공격을 차단했다. 이어서 통영 쪽에 매복해 있던 전라우수영의 함대가 와키자카 야스하루 함대 뒤쪽에서 학익진을 펼쳐 공격하였고, 와키자카 야스하루의 진행 방향 좌측에서는 경상우수영의 함대 판옥선이 학익진 형태로 공격하니, 와키자카 함대 70여 척을 조선 연합함대가 사방에서 완전히 포위한 상태가 되었다. 이어서 거북선의 당파 전법(해전 전술 중 하나로, 배로 부딪쳐 상대의 배를 부수는 전술)으로 달라붙어 근접에서 공격하고 판옥선으로 대포 공격과 현자총통, 지자총통 등 사용할 수 있는 모든 무기를 동원하여 적을 공격하기 시작했다.

이러한 조선 수군의 공격 앞에 적선은 속수무책束手無策으로 당했고,

　　　　　　　　　　　　　　　임진왜란과 병자호란

결국 적선 73척 중 간신히 도망간 14척을 제외한 적선 59척을 격침시키는 엄청난 승리를 거두었다. 한산도 해전에서 적선 중 안택선이 약 30척 정도 출정하였는데 안택선 한 척에 200명이 탑승해 있었다. 안택선의 병력 숫자만 약 6,000명이었고, 기타 적 세키부내에 탑승한 병력까지 합치면 적군의 사망 숫자는 8,000~9,000여 명에 이른다. 와키자카 야스하루가 탄 안택선도 거북선의 공격을 받아 피해를 보았고, 그는 조선군이 쏜 화살에 맞아 상처를 입었다. 이에 와키자카 야스하루는 바다에 빠져 한산도로 헤엄쳐 도망가 버렸다(당시 한산도는 무인도였다). 이순신은 도망간 적들을 쫓아가는 대신, 원균 함대에 한산도를 포위하고 적들이 도망치지 못하게 하니, 왜군 중 자살하거나, 굶어 죽는 이도 많았다고 한다.

와키자카는 한산도에서 너무 굶주렸기 때문에 미역을 먹고 10일간 버티는 중 원균 함대가 다른 곳에 일본군이 나타났다는 보고를 받고 한산도에서 포위를 풀고 떠나버리자 와키자카 야스하루는 뗏목을 만들어 구사일생九死一生으로 탈출하였다. 전쟁이 끝난 후 와키자카 야스하루는 이날의 패배를 잊지 않기 위해, 이순신에게 패한 것을 기록으로 남겼고, 한산도 해전이 벌어졌던 7월 8일 되면 매년 집안 후손들에게 미역만 먹게 하는 풍습을 만들었다.

전쟁 후 일본으로 돌아간 '와키자카 야스하루'는 한산도에서의 패배를 되새기면서 다음과 같은 말을 남겼다.

'내가 제일 두려워하는 사람은 이순신이며,

내가 가장 미워하는 사람도 이순신이며,

내가 가장 좋아하는 사람도 이순신이며,

내가 가장 흠숭하는 사람도 이순신이며,

내가 가장 죽이고 싶은 사람 역시 이순신이며,

내가 가장 차를 함께하고 싶은 사람 역시 이순신이다.'

한산도 해전에서 패한 후 도요토미 히데요시는 조선에서 수륙병진 水陸竝進 작전을 포기하였다. 그리고 일본 수군은 조선 수군과 해상에서의 교전을 금하라는 명령을 내렸다. 한산도 해전 이후 일본 수군들은 조선 수군의 포 소리만 들어도 공포감을 느껴 많은 해전에서 일방적인 싸움이 이루어졌다. 일본 수군은 이순신의 이름만 들어도, 먼바다에서 고기 잡는 배의 불빛만 보아도 두려워서 떨었다고 한다.

영국의 해군 제독이자 역사가인 '조지 알렉산더 발라드'는 한산도 대첩과 이순신에 대해 이렇게 말했다.

"이 해전으로 일본이 중국을 침략하려는 야망은 급속히 끝을 맺었다. 이것은 위대한 조선 제독 이순신이 세운 빛나는 전공 때문이었다. 불과 6주일이라는 짧은 기간에 그는 세계 해전사상 일찍이 그 전례를 찾아볼 수 없는 연전연승連戰連勝의 전공을 세웠다. 넬슨, 블레이크, 장 바르라 할지라도 이순신보다 더 많은 일을 할 수 없었다. 이순신의 명성이 그의 조국 이외에는 잘 알려지지 않은 것이 실로 유감천만遺憾千萬

임진왜란과 병자호란

한 일이다."

유성룡은 징비록에서 다음과 같이 기록했다.

'평양에 입성한 고니시 유키나가는 선조에게 서찰을 보내 이렇
게 말했다. "일본군 1만 명이 곧 서해로 진격해 올 터인데 여기서
어디로 가시렵니까?" 원래 일본군은 수군과 육군이 합세해 서
쪽을 공략하려 했던 것이다. 그런데 한산도 해전에서 패하면서
양손 중 한쪽 팔이 잘려버린 상황이 되었다. 이렇게 되자 평양성
을 점령한 고니시 유키나가라 할지라도 지원군이 사라지게 되
자 더는 진격 할 수 없게 되었다. 결국, 전라도와 충청도를 보존
하고, 아울러 황해도와 평안도 연안까지 지키게 됨으로써, 군량
조달과 통신체계가 확립될 수 있었다. 이 모든 것이 이순신이 한
산해전에서 한번 이긴 결과였다.'

한산도 대첩이 있고 난 뒤 이틀 뒤인 7월 10일(음) 이순신은 적 주력
부대가 안골포에 정박 중이라는 정보를 입수하고 안골포로 진격하였
다. 적장 구키 요시타카와 가토 요시야키가 지휘하는 일본 수군 42척
이 안골포에 정박하고 있었다.

먼저 적을 안골포 외곽으로 유인하려 했으나 적장이 아군의 전략에
대응하지 않고 안골포에서 기동하지 않으므로, 이순신은 안골포에서
적선을 공격하기로 하였다. 연합함대가 차례대로 적선을 향해 포와 각

종 무기를 쏘아 격침했고, 적병 250여 명가량을 죽였다. 이에 적의 주력은 조선 수군의 위력에 겁을 먹고 배를 버리고 육지로 달아나버렸다.

이번 3차 출정에서 이순신의 연합함대는 한산도 해전 59척과 안골포 해전 42척 등 101척의 적선을 격침 시켰고, 병력 8,000~9,000명을 수장시켜 엄청난 전공을 쌓았다. 이순신은 이에 대한 공로로 삼도수군통제사가 되었다. 하지만 이순신은 여기에 만족하지 않고, 8월 24일 4차 출정하여 부산포 앞바다까지 이르러 적의 본거지를 공격하였다. 이곳에서 100여 척의 적선을 격침하는 엄청난 전과를 거두었고, 이번에도 조선 수군의 선박 피해는 전무 하였다. 일본 측 기록에 의하면 그들 수군의 과반수가 사망했다고 한다.

일본 수군의 피해를 보고받은 도요토미 히데요시는 일본 수군 장수들에게 해전을 중지하고, 성을 쌓아 조선 수군의 공격에 대비하라고 지시를 내렸다.

임진왜란과 병자호란

3장

조선의 반격과 의병의 활약

01 일본군의 호남 진격을 막은 이치·웅치 전투

조선 수군과 의병의 활약으로 전쟁이 장기화할 기미를 보이자 일본 군은 보급로가 끊기고, 식량난에 시달리는 등 문제가 발생하기 시작하였다. 일본군이 이러한 문제를 극복하기 위해서는 전라도를 공격하여 차지하는 것이 급선무였다.

1592년 5월 말 일본군 제6군의 고바야카와 다카카게의 선봉 부대 안코쿠지에케이 부대는 전라도를 공격하기 위해 선봉대 2,000여 명과 함께 진격 중 경남 의령에서 의병장 곽재우의 매복공격에 막혀 패퇴하였다. 경상도 지역을 거쳐 전라도로 침공할 계획이었으나 의병장 곽재우 장군에 패한 일본군 제6군의 주력군은 추풍령을 넘어 금산 성을 공격하고, 안코쿠지 에케이의 부대는 거창, 남원을 거쳐 전주에서 제6군의 주력과 함께 북쪽과 남쪽에서 전주성을 공격하기로 하였다.

6월 23일 금산 성을 점령한 고바야카와 타카카게의 일본군 제6군은 다음 목표인 전주성을 점령하기 위해 진격하였다. 금산에서 전주성으로 가려면 반드시 이치(완주)와 웅치(진안)라는 고갯길을 넘어야 했다. 고바야키와 타카카게는 군을 둘로 나눠 북쪽의 이치와 남쪽의 웅치를 거쳐 전주성으로 향했다. 일본군이 전주를 향해 진격하여 온다는 소식을 접한 조선군은 적이 이치와 웅치를 반드시 경유하여 올 것으로 판단하였다.

이치·웅치 전투

이에 조선군은 이치와 웅치에 병력을 배치하고 전투에 대비하였다. 조선군의 병력은 16,000명 규모의 일본군에 비해 절반에도 미치지 못하는 5,000명 정도였다. 전라도 관찰사 이광은 김제 군수 정담과 나주 목사 이봉남, 의병장 황박에게 웅치고개의 방어를 맡겼고, 최근에 전라도 절제사 된 권율과 동복(화순) 현감 황진에게 이치 고개의 방어를 맡겼다. 금산을 점령한 제6군 사령관 고바야카와 다카카게는 그의 부장 안코쿠지를 시켜 웅치를 공격하게 하고 자신은 이치를 공격하였다.

그동안 육상에서 조선군은 일본군과의 전투에서 싸움다운 싸움 없이 허무하게 패하기만 하였다. 그러나 웅치와 이치 전투에서는 엄청난 괴력을 발휘하여 일본군의 진격을 저지하기 시작하였다.

7월 7일 웅치에서 의병장 황박이 산 아래에 제1 방어선을 구축하였고, 산 중턱에는 나주 목사 이복남이 제2 방어선을, 산정상에서는 김제 군수 정담이 최종 방어선을 구축하고 적군을 기다리고 있었다. 이틀간 이어진 치열한 혈전 속에 적의 공격으로 제1 방어선과 제2 방어선이 뚫렸으나 김제 군수 정담이 수비하던 제3 방어선이 적의 공격 예봉을 가까스로 꺾었다. 허나 전투가 막바지에 다다를 즈음에 조선군의 진지에 화살이 바닥나 버렸다.

조선군 진지에서 화살이 떨어져 보급을 기다린다는 정보를 들은 일본군은 부대를 물리다가 재차 공격해왔다. 백병전 끝에 김제 군수 정담과 나주 목사 이봉남은 마지막까지 싸운 후 장렬히 전사하였고 치열한 혈전 속에 웅치고개가 적에게 함락되었다. 웅치고개를 넘은 안코쿠지 부대는 안덕원에 진을 쳤다. 전라도 관찰사 이광은 적이 진을 치자 의병장 이정한에게 성을 맡긴 채 후퇴해 버렸다. 의병장 이정한은 전주성에 주둔한 병력이 적음을 감추기 위해 전주성 주위를 횃불로 세워 성안에 많은 군사가 지키고 있는 것처럼 보이게 하였다.

임진왜란과 병자호란

일본군은 웅치 전투에서 많은 사상자가 발생하여, 전주성을 안코쿠지부대 단독으로 공격하기에는 무리가 있다고 판단하여 안덕원에서 이치 지역으로 출전한 사령관 고바야카와 다카카게 부대를 기다리면서 전열을 정비하고 있었다. 당시 전투의 치열함을 선조수정실록은 다음과 같이 전하고 있다.

'적이 낭떠러지를 타고 기어오르자, 황진이 나무에 의지하여, 적의 총탄을 막으며, 활을 쏘았는데, 쏘는 데로 적을 맞추었다. 종일토록 교전하여 적병을 대파하였는데, 적병이 쏜 총탄을 맞고 부상당하였다. 권율이 장사들을 독려하여 계속 싸워 적을 물리쳤다. 왜군이 조선 3대 전투를 말할 때, 이치 전투를 치열하기를 첫째로 쳤다.'

한편 도절제사 권율과 동복(화순) 현감 황진이 지키고 있던 이치 고개에서도 전투가 벌어졌다.

이치 전투 당시 치열한 공방전 중에 왜군이 갑자기 후퇴하게 되었다. 이는 의병장 고경명이 일본군이 점령한 금산성으로 쳐들어온다는 보고를 받고 고바야카와 다카카게는 일본군이 앞뒤로 조선군에 포위될 것을 우려한 철수였다. 의병장 고경명은 환갑이 넘은 나이에도 전쟁이 발발하자 전라도 각지에 격문을 돌려 6,000명의 의병을 모았다. 고경명은 또 다른 의병장 김천일과 함께 한양으로 진군 중 전라도에 적이 침공하여 위태하다는 소식을 듣고 방향을 돌려 금산성을 공격한 것이었다.

이순신 장군의 한산도 대첩과 웅치, 이치 전투로 인해 일본군은 전라도 점령이 실패하게 되었고 동시에 수륙병진 작전도 무너져 버렸다.

02 2차 평양성 전투와 북관대첩

1592년 6월(음) 파죽지세破竹之勢로 평양성까지 진격한 일본군은 금방이라도 전쟁을 끝낼 것처럼 보였다. 그러나 남해의 이순신과 전국적으로 일어난 의병들의 활약으로 지원군과 보급이 차단된 상태에서 고니시 유키나가 제1군 단독으로 북상하기는 어려웠다. 그 결과 일본군은 진격을 멈춘 채 한 달간 평양성에 머물고 있었다.

평양성이 함락된 후 의주에 피란해 있던 선조는 여러 차례 명나라에 사신을 보내 원군을 요청하였고, 명나라는 요동 부총병 조승훈에게 기병 3,000명을 주어 조선을 돕게 하였다. 조승훈은 여진족과의 전투에서 많은 전공을 세웠기 때문에 조선에서는 많은 기대를 하였다. 조승훈의 병력 3,000명은 7월 초 순 압록강을 건너 평양 북방 순안에 집결하였다.

당시 평양에서는 고니시 유키나가의 병력(최초 18,700명)과 구로다 나가마사 병력(최초 11,000명) 등 약 3만의 병력이 집결해 있었다.

이때 구로다 나가마사의 병력이 황해도로 옮겨 가면서 평양성 정문이 열리고 있는 것을 본 척후장 순안 군수 황원이 적의 주력부대가 빠져나갔다고 잘못 보고하였다. 이에 명나라 장수 조승훈의 병력 3,000명과 조선군 3,000명 승군 600명 등 6,600명의 연합군은 7월 17일(음) 아침 평양성으로 진격했다.

평양성이 열려있고 적들이 보이지 않자 명군의 선봉장 사유는 병력을 모두 평양성 안으로 진격시켜 돌진해 들어갔다. 이것이 치명적인 패배의 원인이 되어 길 양편에 매복하고 있던 일본군의 조총 사격으로 조명연합군은 크게 패해 조승훈은 부상을 입은 채 수십 기의 기병만 이끌고 요동으로 돌아가고 말았다. 요동으로 돌아간 조승훈은 한창 전투할 때 조선군이 적에게 투항하는 바람에 전투가 불리하게 되어 패했다고 보고하였다.

8월 1일(음) 이일과 이원익은 약 20,000명의 대군을 동원해 다시 평양성 탈환에 나섰다. 적의 선봉대와 마주친 조선군은 적병을 향해 화살을 쏘아 20여 명을 죽이고 여세를 몰아 평양성으로 돌격하였다. 그런데 적군 수천 명이 성문을 열고 돌격하여 나오자 조선군은 놀라 혼비백산魂飛魄散하면서 그대로 무너져 흩어지기 시작했다. 결국, 2차 평양성 탈환 작전은 실패하고 말았다.

이후 고니시 유키나가는 한양에서 중요한 회의를 하고, 이 회의에서 일본군은 식량 확보와 군대정비를 위해 전투를 당분간 중지하기로 하

임진왜란과 병자호란

였다고 한다.

| 생지옥이 된 함경도

한편 함경도로 파견된 선조의 두 아들 임해군과 순화군이 일본군에 사로잡혔다는 소식이 들려왔다. 평소 행실이 좋지 못했던 두 왕자는 함경도에서 여러 고을을 지나면서 숙식을 접대받았는데 조금이라도 마음에 들지 않으면, 고을 수령에게 매질하고 물건을 빼앗고 여자들을 겁탈하였다. 근왕병을 모집하고 의병을 일으키는 임무는 고사하고 지나가는 곳마다 큰 소동이 벌어지자, 백성들은 혀를 차며 등을 돌려 버렸다.

왜군이 영흥에 도착하자 임해군과 순화군으로부터 행패를 당한 백성들은 왜군에게 귀순하면서 임해군과 순화군이 영흥을 출발해서 함경도 회령으로 갔다고 알려주었다. 가토 기요마사의 제2군이 함경도로 진군하니 회령의 아전이었던 국경인, 국세필, 정만수 등의 패거리들이 반란을 일으켜 임해군과 순화군을 사로잡았다고 가토 기요마사 군에게 알려 주었다. 국경인은 가토 기요마사가 직접 성안으로 들어와 두 왕자를 인계받을 것을 주장하였다. 가토 기요마사는 호위무사 10명만 대동한 채 성안으로 들어가 두 왕자를 인계받았으며, 공로를 인정하여 국경인 등을 함경도의 책임자로 임명하였다. 이렇게 함경도는 반란군에 의해 일본군의 수중에 들어갔다.

임진왜란 시기에 국경인처럼 조정에 불만을 품고 일본군에 협력한 이들을 흔히 순왜順倭라 불렀다. 이들의 수가 너무 많아 선조실록에서는 선조가 일본군의 절반이 조선 백성이라는 소문이 있는데 사실인지 확인하라고 했을 정도였다. 순왜順倭의 대부분은 강요에 의해, 혹은 살기 위해 어쩔 수 없이 일본군을 도와야 하는 상황이었지만, 간혹 조선을 배신하고 일본군에 적극적으로 부역했던 순왜도 있었다. 일본인 승려 덴케이가 기록한 서정 일기에서는 이효인이라는 인물이 나오는데 그에 대해 이렇게 기록하고 있다.

'6월 4일 맑음. 술집을 운영하는 조선인이 날마다 문안 왔다. 이효인이라 한다. 그는 소주와 탁주를 들고 와 내게 바쳤다. 잠시 후 또 몸 절반을 덮는 융복을 들고 와 내게 주기에 나는 재삼 거절하였으나, 그의 간절한 청을 거절하지 못하고 마침내 이를 받았다.'
'6월 5일 맑음. 조선인 이효인이 반란자 아홉 명의 이름을 적어 내게 보여주었다. 즉시 이들 아홉 명을 잡아 우키다 히데이 공에게 보냈고, 공은 즉시 법을 집행하였다.'

가짜 왜구라는 의미의 가왜假倭도 등장하는데, 이들은 일본인으로 가장한 조선인들이었다. 가왜假倭는 전쟁의 혼란한 틈을 타 같은 조선인을 약탈했다고 한다.

임진왜란과 병자호란

순왜順倭와 가왜假倭의 반대 개념인 항왜降倭도 있었다. 이들은 임진왜란 당시 조선에 귀화한 일본인을 가리킨다. 이들은 도요토미 히데요시에게 불만을 품은 자들로, 실록에 의하면 항왜의 숫자가 거의 1만여 명에 육박하였다는 기록이 있다. 임진왜란에서 가장 알려진 항왜降倭자로는 김충선이 있다. 일본인 이름은 사야가로, 가토 기요마사의 젊은 장수였다가 전쟁 초반 2,000명의 병력을 이끌고 경상도 절도사 박진에게 투항해 왔다. 사야가는 박진에게 투항하면서 "이번에 명분 없는 전쟁을 당하여 선봉이 되어 삼천 명의 병사를 이끌고 조선으로 왔습니다. 인의의 나라를 도저히 공격할 수 없어 저는 전의를 잃고 말았습니다. 다만 저의 소원은 이 나라의 예의 문물과 의관 풍속을 아름답게 여겨 예의의 나라에서 성인聖仁의 나라 조선의 백성이 되고자 할 따름입니다"라고 하였다. 김충선은 총 78회의 전투에서 일본군과 싸우면서 많은 전공을 세웠고, 조총을 비롯한 일본의 무기제조 기술을 조선에 전수해 주었다.

| 정문부와 북관대첩

함경도를 차지한 가토 기요마사는 여진족이 매우 용맹하고, 호전적이라는 이야기를 듣고, 두만강을 건너 여진족 노투부락을 공격하였다. 하지만 반격에 나선 여진족의 기세가 만만치 않음을 알게 된 가토 기요마사는 더 이상 북진을 포기하고 회령으로 철수했다.

이 공격으로 자극을 받은 여진족은 빈번하게 국경을 넘어 조선을 침공하기 시작하였고, 이때 여진족을 통일한 누르하치는 명나라에 서신을 보내 조선에 군사를 보내 돕겠다고 제안했지만, 조선의 반발로 무산되었다.

함경도가 일본군 수중에 들어가자 상황은 최악이 되었다. 북쪽에서는 여진족이 수시로 국경을 넘어 쳐들어와 약탈을 일삼았고, 반란자 무리가 일본군을 등에 업고 수탈을 일으키니 함경도는 생지옥과 같았다.

이 시기에 등장한 사람이 정문부였다. 정문부는 문관 출신으로 문과에 급제하여 당시 함경도 북평사(무관 보직)로 재직 중이었다. 「연려실기술」에는 다음과 같이 기록하고 있다.

정문부는 가토 기요마사군이 함경도로 진출할 때 전투 중 총상을 입고 유생 지달원의 집에서 숨어서 기회를 노리고 있었다. 함경도가 일본군, 여진족, 반란군의 폭정으로 소란스러워지자 강문우 등과(10월 2일) 함께 의병을 일으켰다.

정문부는 임란 초기에 적이 쏜 총탄으로 상처를 입어 부령에서 거지처럼 떠돌아다니다가 이름을 바꾸고 용성의 무당집 하인이 되었다. 이때 경성鏡城 사람 이봉수가 의병을 일으켰을 때 가담한 유생 지달원이 정문부의 소식을 듣고 정문부를 찾아가 함께 싸울 것을 요청했는데(중략) 이에 의병의 지휘부는 정문부를 의병대장(의병지휘부 대부분이 당시 정문부의 제자들이었다)으로 추대하였다.

임진왜란과 병자호란

북관대첩 상황도

 정문부가 의병을 일으키자 피신하였던 경성 부사 정현룡, 경원 부사 오은태가 가세하였고, 반란군 무리 중 하나인 국세필이 정문부의 군세에 겁이 나 항복했다. 국세필의 경성을 장악한 정문부의 의병들은 모두 기병들로 구성되어 있었고, 당시 여진족과의 전투로 전투력이 우수한 병사들이었다.

 길주성에 주둔하던 일본군 가토 기요마사의 부장, 가토 우마노조는 경성에서 소식이 끊기자 정예병 92명을 뽑아 경성으로 정찰병을 보냈고, 이 사실을 안 정문부는 기병을 보내 전멸시켜 버렸다. 이때 반란군 중 한 명이었던 국경인도 회령에서 유생 신세준에게 살해당했으며, 이제 반란군은 정말수 뿐이었다. 정말수를 처리하기 위해 정문부는 그가 주둔하고 있는 명천으로 진군하여, 기병으로 습격하여 붙잡아 처형시켜 버렸다.

함경도에서 반란군을 토벌하여 진압시켜 버리자 정문부 휘하에 의병이 3,000명까지 모여들었다. 그의 앞에는 가토 기요마사뿐이었다. 당시 가토 기요마사 군은 병력 22,000명을 해안선과 보급선을 따라 길게 포진하고 있어, 정문부의 부대는 일본군을 각개 격파하기 시작하였다. 정문부는 병력을 셋으로 나눠 명천의 가파리 마을을 약탈하는 일본군 1,000명을 매복공격을 퍼부어 패퇴시켰다. 11월 1일(음) 가토 우마노조가 점령하고 있는 길주성을 공격하기 시작하였다. 길주성을 포위한 가운데 영동의 일본군이 약탈을 벌인다는 소식을 듣고 기병으로 영동으로 향하던 중 평소 정문부의 무공을 시기하던 함경도 관찰사 윤탁연이 조정에 그를 헐뜯는 상소를 올려 정문부는 일선에서 물러나게 되었다. 정문부가 물러나자 함경도의 의병과 일본군과의 전세가 역전되기 시작하면서 혼란에 빠져들기 시작했다.

이에 조정에서는 1593년 1월 1일(음) 정문부를 다시 의병장으로 임명하였다. 1월 19일(음) 정문부는 길주와 영동 남쪽에 있는 단천을 공격하여 일본군 200명을 토벌하였다. 이때 가토 기요마사는 길주에 포위되어있던 가토 우마노조군을 구원하기 위해 정예병 3,000명 길주로 보냈다.

선발대 1,000명이 마천령 고개를 넘어왔을 때 정문부는 기병 600명을 그들의 이동로에 미리 매복시켜놓고 그들이 통과할 때 기병으로 짓밟아 버렸다. 선발대 1,000명이 전멸되기 직전 본진 2,000명이 도착하였지만, 정문부의 부대는 이미 자취를 감춘 뒤였다. 그날 저녁 전의를 상실한 일본군은 길주성을 불태우고 퇴각하였다. 그런데 그날 퇴각하는 일본군을 정문부의 의병이 공격하여 전체 병력 중 1,000명 이상의 적을 죽였다.

2월 중순쯤 정문부는 병력을 이끌고 가토 기요마사가 있는 안변 지역으로 향했으나, 일본군은 이때 조명연합군의 공격으로 평양성이 함락되어, 제1군인 고니시 유키나가의 군은 한양으로 퇴각하였고, 가토 기요마사의 제2군 또한, 한양으로 퇴각하였다.

가토 기요마사가 한양에 집결한 후 사망자를 집계하니 그 수가 8,864명이었다. 가토 기요마사의 일본군은 조선에 온 후 싸움다운 싸움 없이 온전한 병력(최초 출동 병력 22,000명)을 유지하고, 함경도까지 진격하였으나, 조선의 모진 추위와 조선 정예기병의 기만 작전과 습격작전에 엄청난 희생을 감수하여야 했다.

이러한 정문부와 함경도 병사들의 전적을 기려 임진왜란이 끝난 100년 후 숙종 때 북관대첩비北關大捷碑를 건립하였다.

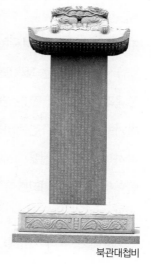
북관대첩비

03 1·2차 금산성 전투

　용인 전투의 패전 이후 전라도는 사실상 방어병력이 괴멸되었고, 잔존 병력이 각 지역에 할거하는 수준이었다. 이후 고바야카와 다카카게의 6군 약 2만의 병력이 전라도 지역을 확보하기 위해서 움직였다. 1군은 자신이 이끌고 금산으로 나아갔고, 2군은 핵심참모였던 안코쿠지 에케이에게 줘서 무주를 점령하게 했다.

　금산 성 전투는 1592년 7월 9~10일, 8월 18일, 1·2차에 걸쳐서 일본군과 조선군의 전투 중 가장 혈전인 전투로 꼽힌다. 고바야카와 다카카게의 부대는 전주성을 공격하기 위해 웅치와 이치를 공격하기 시작하였다. 웅치 전투에서는 김제 군수 정담이 이끄는 병력을 물리치고 안덕원에 진을 치고, 이치전투에서 승리한 본진과 함께 전주성을 공격할 계획이었다.

　고바야카와 다카카게의 부대가 이치 전투에서 승리를 목전에 이르렀을 때 전라도 광주 의병장 고경명의 부대 7,000명이 금산성을 공격하여 온다는 소식을 들었다. 고경명은 선조가 피란에 올랐다는 소식을 듣고 전라도 일대를 돌면서 의병을 모았고 용인 전투 이후 최대의 병력을 갖추고 있었다. 이에 고바야카와 다카카게는 병력을 이끌고 금산성을 방어하기 위해 퇴각하였다. 이로 인해 이치 고개를 적의 공격으로부터 방어에 성공하였고, 결과적으로 전라도 지역을 일본군으로부터 지키는 계기가 되었다.

고경명의 부대는 한성을 공격하기 위해 북진 중 전라도 지역이 위험에 빠졌다는 소식을 듣고 병력을 돌려 금산성을 공격하기 위해 달려왔다. 고경명은 전라도 방어사 곽양과 합류해 금산 성을 공격했고, 왜군은 조총으로 대항하였다. 고경명은 30명의 특공조까지 편성해 치열한 공방전을 벌렸다.

저녁이 되어 첫 전투가 끝나고 전라도 방어사 곽영은 우리의 공격으로 일본군이 전라도 공격을 멈추고 돌아왔으니, 여기서 더이상 공격할 필요가 없다고 하면서 고경명에게 철군을 주장하였지만, 고경명은 이를 듣지 않았다.

고바야카와 다카카게의 주력이 금산성에 도착하여 진을 살피던 중 전라 방어사 곽영의 군대가 싸울 뜻이 없는 듯 군대를 뒤로 물리니, 이에 고바야카와 다카카게는 즉시 군사를 몰아 곽영과 고경명부대 사이로 진입하여 부대를 둘로 나눠 버리니, 곽영의 부대는 퇴각해 버렸고 고경명의 부대만 고립된 채 일본군에 포위되어 버렸다. 이어서 일본군 조총의 집중공격을 받고 부대가 무너져 버렸고 고경명도 적의 총탄에 맞아 전사하였다.

고경명의 놀라운 용기로 전라도가 적의 수중에 떨어지는 것을 방지한 것은 대단한 공적이었으나 무리한 공격이 결국 많은 병력이 전멸하는 결과를 초래하였다. 고경명이 전사한 뒤에도 수많은 관군과 의병들이 금산성을 탈환하려 하였으나, 왜군은 그때마다 관군과 의병들의 공격을 차단한 채 금산성을 지키고 있었다.

이때 청주성 전투에서 청주성을 탈환했던 의병장 조헌이 의병 1,000명을 이끌고 금산성을 공격하기 위해 충청도 순찰사 윤선각에게 도움을 요청하였으나 거절당하고, 결국 자신의 병력 1천 명으로 금산성을 공격하기 위해 나섰다.

충청도 관찰사였던 허욱이 마지막으로 사람을 보내 금산성 전투는 중과부적衆寡不敵이며 이미 작전목적을 이루었기 때문에 금산성 공격을 만류하였으나 이마저 무시하였다. 조헌의 의병은 금산성을 공격하기 위해 이동하였고 윤국형이 마지막으로 공격을 중지시키기 위해 의병의 가족들을 인질로 삼자 의병 중 일부가 해산하여 1,000명의 병력이 700명으로 줄어들었다.

8월 18일(음) 청주성 전투에서 함께 싸웠던 영규 대사와 승병 600명이 합류해 총 1,300의 군사가 되었다.

금산성의 왜군은 조헌의 부대가 소수이며 후속 부대가 없음을 알자, 퇴로를 끊고 금산성 밖 평야 지대에서 포위 공격을 실시하였다. 치열한 전투가 전개되는 상황에서 조헌의 부대가 화살이 떨어지고, 왜군과 육박전이 벌어질 상황이 오자 주변에서 조헌에게 피신하라 말하였으나 조헌은 직접 북을 치며 독전을 이어갔다. 시간이 갈수록 조헌의 부대 700명과 승장 영규의 부대 600명이 점점 힘을 잃었고 결국 조선군은 전부 전사하고 말았다.

웅치와 이치 전투에 이어 1, 2차 금산성 전투에서 조선군은 5,000명, 일본군은 1,500명의 병력 손실이 있었다. 결과적으로 조선의 의병들은 일본군과의 전력 차를 알면서도 적이 조선을 짓밟는 것을 막기 위해 전력의 유불리를 따지지 않고 오직 살신성인殺身成仁의 자세로 적과 싸웠고 결국 두려움을 이겨냈다.

전투가 끝난 후 3일간 사체를 모아 금산에 '칠백의총'이란 무덤을 만들었다(같이 싸웠던 승병은 인근 주민들이 따로 매장해주었다).

9월 16일 금산성에 주둔하던 고바야카와 다카카게의 제6군은 의병장 고경명과 조헌, 영규의 연합군과의 전투 등으로 막대한 피해를 입고 옥천으로 철수하였다.

경주성 전투

1592년 4월 13일 고니시 유키나가의 제1군의 뒤를 이어 가토 기요마사의 제2군이 하루 뒤 부산항에 들어왔다. 부산진성 전투와 동래성 전투에서 무차별적인 공격과 전투가 종료된 후 일본군이 성안 백성 모두를 잔인하게 살육하였다는 소문은 경상도 모든 지역 구석구석으로 퍼져 나갔고, 이에 병사와 백성들은 두려움에 치를 떨면서 일본군에 대항할 생각은 엄두도 못 내는 상황이 되어버렸다.

시간이 흘러 임금이 한양을 버리고 평양을 거쳐 의주에 피난 가 있다는 소식과 간간이 들려오는 조선군의 작은 승리 속에서 남해의 옥포, 사천, 한산도에서 이순신 장군의 큰 승리는 조선의 백성들에게 우리도 싸워 이길 수 있다는 큰 희망을 품게 해주었다. 이러한 희망은 백성들에게 나라를 지키고 적을 물리쳐야겠다는 생각으로 전국 각지에서 격문이 돌려지고 의병이 일어나는 원인이 되었다. 영천에서도 정세아, 조희익 등 많은 의병이 일어났으며 경상좌도에는 무려 10개의 의병부대가 활동하였다. 당시 경상도 좌병사였던 박진은 의병 연합군이 영천성을 공격할 때 그들을 지휘할 지휘관이 없어 의병들을 지휘할 장군으로 부장 권응수를 보내 영천성을 되찾는 데 도움을 주었다. 이후 박진은 조정에 권응수 장군과 의병들이 용감히 싸워 영천성을 되찾았다고 장계를 올렸다.

이때부터 의병들이 박진을 진정으로 믿고 따르기 시작했으며 영천성의 승리로 의병이 1만여 명 이상이 모여들었다. 자신감을 얻은 경상좌병사 박진은 경주성을 되찾기 위해 8월 20일 권응수를 선봉장으로 삼고, 의병장 정세아 등과 함께 경주성을 공격하였다. 당시 경주성에는 가토 기요마사의 예하 병력 2,000명이 주둔하고 있었다.

일본군 장수 후쿠시마는 병력 중 일부를 성 밖 산 아래에 매복시킨 다음 조선군이 공격할 때 성 밖의 매복부대와 함께 양쪽에서 협공작전으로 조선군을 공격하기 시작하였다. 일본군의 협공작전에 당황한 조선군은 500명의 전사자를 내고 퇴각하였다.

적의 협공작전으로 많은 병력 손실을 본 경상좌병사 박진은 흉흉해진 병사들의 사기를 돋운 뒤 한 달 후 경상좌도 16개 고을 군사 1만여 명을 모아 군사를 세 개 부대로 나눈 뒤 권응수를 선봉장으로 삼고 경주성으로 진격해갔다.

두 번째 공격에서는 화포장 이장손이 만든 '비격진천뢰飛擊震天雷'를 공격수단으로 삼고 준비하였다. 비격진천뢰는 일종의 시한폭탄 같은 것이었다. 9월 8일 박진은 결사대 1천여 명과 함께 비격진천뢰를 경주성 밖 근처 200보까지 들고 가서 공격하기 시작하였다. 포탄이 적 수중에 떨어지면서 왜군 수십 명이 죽거나 다쳤다. 당시 상황을 징비록은 다음과 같이 기록하고 있다.

'밤중에 또 군사를 성 밑에 잠복시켰다가 비격진천뢰를 쏘게 하여 성안 객사 뜰 가운데 떨어지자, 적병들은 그 위험성을 모르고 다투어 모여들어 구경하며, 굴러보기도 하며, 들여다보기도 하였다. 잠시 후 포탄이 그 속에서 폭발하니 소리가 천지를 진동시키고 쇳조각이 별처럼 무수히 흩어졌다. 맞아서 죽은 적병이 30명이나 되었고, 맞지 않은 적병 또한 쓰러졌다가 한참 만에 일어나자 놀라고 두려워하지 않은 적병이 없었으나, 그 제작법을 알지 못해 모두 신神이 하는 일이라 여겼다.'

비격진천뢰

비격진천뢰 격발 장치 대왕구

임진왜란과 병자호란

비격진천뢰는 대왕구에 비격진천뢰를 놓고 쏘았다. 사거리는 약 300보 정도였다. 일본 측 기록인 「정한 위략」에는 '적진에서 괴물체가 날아와 땅에 떨어져 우리 군사들이 빙 둘러서서 구경하고 있는데 갑자기 폭발해서 소리가 천지를 흔들고, 철편이 별 가루처럼 흩어져 맞은 자는 즉사하고, 맞지 않은 자는 넘어졌다'고 쓰여있다.

일본군은 비격진천뢰의 공격을 받아 수백 명의 사상자를 내고 약 1만 석에 가까운 군량미를 버린 채 울산 서생포 방면으로 퇴각하였다. 마침내 경주성은 수복되었다. 그 뒤 왜군은 비격진천뢰를 두려워해 함부로 움직이지 못하였다. 박진은 이후 황해도 병마절도사와 병조참판에 올랐다.

1597년 박진은 정유재란이 발발했을 때 명나라군 환영연에 참석하지 않았다는 이유로 명나라 장수 누승선樓承先에게 맞아 후유증으로 사망하였다. 비록 힘없고, 능력 없는 나라였지만 한나라의 장수이며, 대신이었던 사람조차도 명나라 장군에게 이 지경으로 취급받는 상황이었을진대, 순진한 백성들이 겪어야 했을 수고로움은 어땠을지 생각해 본다.

05 연안성 전투

1592년 6월 15일 고니시 유키나가는 평양성을 함락시킨 후 북쪽으로의 진격을 멈추고 평양성에 머무르고 있었다. 이는 일본군이 남해와 서해를 돌아 수륙병진 작전을 통해 조선을 압박하려던 작전이 이순신과 일전을 치른 한산도 해전(7.7)에서 대패함으로 해상에서의 작전이 더 이상 불가능하여 고니시 유키나가의 부대 단독으로 북진이 어려웠기 때문이었다.

전쟁이 소강상태에 접어든 이때(8.18) 중국 절강성 출신인 심유경이 유격장군(직책이 없는)으로 평양에 도착하였다. 그는 명나라 병조판서였던 석성으로부터 일본과 화친을 맺으라는 명령을 받고 온 인물이었다.

평양에 도착한 심유경은 고니시 유키나가에게 서신을 뛰어 '조선이 일본에 무슨 잘못이 있어 일본이 멋대로 군대를 일으켰는가?'라고 문책했다. 편지를 읽은 고니시 유키나가는 답장을 보내 만나서 논의하겠

임진왜란과 병자호란

다는 뜻을 밝혔다. 처음 만난 심유경과 고니시 유키나가는 50일간의 휴전에 합의하였다. 이 당시 명나라는 만주 영화에서 몽골 출신 발배가 반란을 일으켰기 때문에 조선에 군사를 보내기 전에 먼저 발배의 반란군부터 진압해야 할 상황이었다.

당시 고니시의 심정을 전하는 일본 측의 문헌으로 요시노 진고에몬의 비망록에 따르면, 심유경과 고니시의 50일간 휴전에 합의한 이후 일본군은 심한 곤궁을 겪었다고 한다.

'여러 다이묘는 평생 겪어본 적 없는 굶주림 때문에 마르고, 지치고, 얼굴빛은 검어졌고 술을 못 마시니 마음 달랠 길도 없었다.'

100년간 치른 전국시대를 경험한 일본군의 장군들조차도 외국에서의 전쟁은 견디기 어려웠다. 심유경은 명나라에 보고를 올리고 돌아올 때까지 일본군과 싸우지 말 것을 얘기하고 명나라로 돌아갔다. 명과 일본이 이해관계가 맞아 휴전이 성립되었지만, 조선으로서는 적을 바라보고도 싸울 수 없는 난감한 상황이 되었다.

7월 16일 5,000명의 병력을 이끌고 평양성을 빠져나갔던 제3군 구로다 나가마사의 군대는 황해도의 평산, 백천을 점령하고, 이어서 8월 하순 연백평야의 곡창지대를 탈취하기 위해 해주의 연안성으로 총 끝이 향하고 있었다.

임진왜란이 발발하기 전 조헌은 일본군이 침략할 것이라는 편지를 지인들에게 보냈는데 당시 연안성의 성주였던 신각만이 조헌의 말이 옳다 여겨 연안성의 성벽을 수리하고, 전쟁물자를 비축하고 우물을 파는 등 많은 준비를 하였다.

신각은 선조가 한양을 버리고 피신할 때 김명원과 함께 한양을 수비하다 김명원의 거짓 보고로 양주의 해유령 전투에서 최초로 일본군 70명을 격퇴시킨 공로에도 소식이 잘못 전달되어 억울하게 처형당한 인물이었다. 신각이 연안성을 수리하고 전쟁 준비를 올바르게 하여 이정암이 연안성을 수비하는 데 많은 도움이 되었다.

8월 28일 구로다 나가마사의 선봉대 1천여 명이 연안성에 접근하였다. 왜군의 기세가 매우 사나웠으므로 의병장들이 이정암에게 우리에게 연안성을 수비하라는 명령이 없으니 성을 버리자고 제안하였으나 이정암은 거부하면서, "이제 왕세자의 명을 받아 한성수비라도 맡아서 목숨을 바치는 것이 마땅하니 어떻게 차마 구차하게 살겠는가? 만약 적이 성에 오르거든 나는 여기 앉아있을 것이니 너희는 즉시 나를 불태워서 왜적의 손에 내가 더럽게 죽지 않도록 하라"라고 하였다. 이정암의 말에 감동한 의병들은 전의를 불태웠다.

왜군은 성을 포위하고 사신을 보내 작은 성으로 대군을 이길 수 없으니 항복하라 하였으나, 이정암은 사신에게 '너희는 병兵으로 싸우나, 우리는 의義로써 싸운다'라는 글을 써 보냈다.

그 후 적병 하나가 말에 올라타고 성 쪽으로 엉덩이를 까고 볼기짝을 두들기며 도발하였는데 의병장 이출이 활을 쏘아 적병의 엉덩이에 화살이 명중해 말에서 떨어지니 폭소가 터졌고, 이날 오후에는 왜군의 장수 하나가 백마를 타고 성 주위에 접근하자 수문장 장응기가 활을 쏘아 가슴을 명중시켰고, 재빨리 성문을 열고 나가 적장의 목을 베어와 의병의 사기가 올라갔다.

이날 밤 왜군이 사다리차를 타고 접근해 성안에 불화살로 공격해 불이 났으나 때마침 역풍이 불어 화재는 진압되었고, 오히려 불이 왜군 진영에 번져 왜군이 당황하였다.

8월 29일 왜군은 본격적으로 조총을 쏘며 돌격했고, 이정암은 성벽에 오르는 왜군에게만 화살을 쏘게 하여 장기전에 대비하고 끓는 물을 부어 적병이 성을 타고 오르는 것을 저지하면서 연안성을 방어했다.

9월 1일 구로다 나가마사가 직접 5천의 군사를 이끌고 공격을 감행하였다. 이정암의 군사들은 무기가 될 만한 것은 모두 집어 던지며 왜군에 저항했으나 병력이 열세였던 조선의 의병과 백성들은 수세에 몰렸고 왜군의 공격으로 성이 함락될 위기에 처하자 이종암은 장작을 쌓아 그 위에 올라앉고 아들 이준을 불러 이렇게 말했다.

"이 성이 함락되면 여기에 불을 지르라, 왜군의 손에 모욕을 당하느니 여기서 불에 타 죽겠다."

군사들은 이를 보고 더 힘을 내어 전투에 임했고, 결국 일본군은 탄환이 떨어져 소리만 지를 뿐 공격하지 못하였고, 9월 2일 구로다 나가마사는 공격을 포기하고 퇴각했다. 조선군은 도망치는 일본군의 후미를 추격해 우마 90여 필, 쌀 130여 석을 얻었다.

연안성의 승리는 조선군 단독으로 황해도의 곡창지대를 지켜냈으며,

선조가 있던 의주와 전라, 충청지역이 교통로와 통신로를 확보하였다는 매우 큰 의미가 있다. 전투가 끝난 후 이정암은 조정에 장계를 올렸는데, 이 장계 덕에 이정암이 오래도록 잊히지 않는 계기가 되었다.

"적이 28일 성을 포위했다가 2일에 포위를 풀고 돌아갔습니다."

전쟁이 끝난 후 3배가 넘는 왜군과 맞서 싸워 이겼다는 자세한 사항이 알려지자 다들 이정함의 겸손함을 칭찬하였고 이정암은 연안대첩의 승리로 선무공신 2등에 오르고 월천 부원군에 추봉되었다.

임진왜란과 병자호란

▨ 06 진주성 전투

1592년 6월 이후 전국에서 의병이 봉기하고 남해에서는 이순신이 지휘하는 수군이 일본 수군을 압도하여 일본의 수륙병진 작전이 좌절되면서 조선은 방어전에 들어갔다. 기세가 꺾인 일본군은 병력을 집중하여 경상우도를 공격하였으나 진주성만은 공격하지 못하였다.

7월 하순 일본군은 육로로만 서진하여 진해, 고성을 점령하고 8월 초에는 진주를 위협하기 시작하였다. 이에 진주목사 김시민은 각 지역에 구원병을 요청하여 진주성 방어태세를 강화하였고 일본군은 남강 남쪽까지 진출하였다. 그러나 일본군은 남강을 건너 진주성을 공격하기가 쉽지 않다고 판단하여 사천으로 물러나 교두보를 확보하려 하였다. 이 사실을 파악한 진주목사 김시민은 1천의 병력으로 사천에 주둔하는 왜군을 공격하여 격파하였고 여세를 몰아 고성과 진해까지 탈환하는 전과를 거두었다. 위기감을 느낀 일본군은 궁리 끝에 조선군의 주력이 진주성에서 있으니 진주성의 조선군만 잡으면 다른 지방에서 시끄럽게 움직이는 조그마한 부대들은 싸우지 않고 스스로 흩어질 것이라는 결론을 내렸다.

도요토미 히데요시는 경상우도를 장악할 수 있는 본거지이자, 전라도 침입의 교두보 역할을 해낼 수 있는 요충지가 진주성이라 여겨 공격명령을 내렸다. 이에 일본군은 8월 중순부터 진주성을 공격하기 위하여 만반의 준비태세를 갖추기 시작하였다.

먼저 조선 침략 총사령관 우키다 히데이에 군 3만 명이 한양에서 김해로 재집결하였다. 9월 24일 일본군은 병력 3만 명의 대군을 이끌고 진주성으로 몰려왔다. 임진왜란이 발발했을 당시 진주성의 목사는 김시민이 아닌 이경이었다. 일본군이 경상도 전 지역을 휩쓸자 진주목사 이경은 부하들을 데리고 지리산으로 도망쳐버렸다. 이에 경상도 초유사였던 김성일이 이경에게 사람을 보내 돌아가 성을 지키라고 명령하였으나 이경은 지리산에서 병으로 사망하였다.

초유사 김성일은 진주 판관이었던 김시민에게 임시목사를 주면서 진주성을 방어하게 하였다. 일본 수군이 이순신 함대에 격파당하면서 진주성을 둘러싼 위기가 해소되자 김시민은 진주성을 방어하기 위해 군을 훈련 시키고 화약과 물자를 비축하였다. 일본군이 본격적으로 진주성을 공략하기 위한 공세적 행동을 취하자, 김시민은 전라 의병장 최경회, 경상 의병장 곽재우 등에게 구원을 요청하는 한편 부하 장수들과 병사들을 모아놓고 싸울 것을 호소하면서 전의戰意를 돋웠다.

이때 창원에서 패하고 퇴각한 경상우병사 유숭인의 병력 2,000명이 성안으로 들어가 함께 방어할 것을 요청하였다. 그러나 김시민은 지휘 계통의 혼선과 지금까지 자신이 준비하고 훈련한 작전에 차질이 생길 까 염려되어 유숭인의 병력을 성밖에 그대로 두고 전투준비를 하였다.

1592년 10월 일본군은 진주를 통해 전라도로 침공할 목적으로 나가오카와 하세가와가 이끄는 3만의 대군을 진주성으로 보내 진주성을 공략하게 하였다. 10월 4일 일본군 선발대 1만 명이 진주 동쪽에 도착하여 진주성을 공략하기 전 유숭인의 부대를 전멸시켰다. 김시민은 이를 보고도 구원하지 않고 오로지 성의 방비에만 온 힘을 기울였다. 10월 6일 3만의 일본군 본대가 도착하였다. 당시 진주성이 견고하였지만 100년 동안 전쟁을 치르면서 공성전에 이골이 난 일본군이 진주성을 금방이라도 함락시킬 것처럼 분위기가 무르익고 있었다.

일본군은 남강이 흐르는 남쪽을 제외한 진주성의 동쪽과 북쪽에서 공격하기 시작했다. 그러나 성의 북쪽 뒷산에 의병장 곽재우의 부대가 배후를 위협하면서 농성을 펼치고 있으므로 일본군은 북쪽에서 집중적으로 성을 공략하기 어려운 상황이 되었다.

김시민은 일반 백성에게도 군복을 입히고 군기를 들게 하여 병력이 많아 보이게 하였다. 성 외각에서는 일본군의 배후에서 횃불을 든 곽재우의 의병들이 뛰어다니면서 피리를 불며 심리전을 전개하고 있었다.

10월 6일 일본군은 조총으로 일제 사격을 퍼부으면서 진주성을 공격하기 시작했다. 이에 조선군은 성안에서 대포와 현자총통, 지자총통, 비격진천뢰 등을 동원하여 반격을 시작하여 일본군의 공격을 막아냈다. 그러자 일본군은 근처 민가를 헐어 조선군의 공격 시 방패막이로 삼고 공성 무기를 준비하였다.

지자총통

천자총통

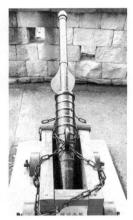
현자총통

10월 7일 일본군이 종일 공격하였으나 조선군이 이를 잘 막아냈다. 일본군이 진주성에서 10리 안팎에 있는 민가를 불태우고 약탈하였으며 날이 어두워져 전투가 종료되었다. 일본군은 이날은 야간 공성전을 벌이지 않았다.

당황한 일본군은 조선인 포로 아이들을 동원하여 성을 돌며 "한양이 이미 함락되고 팔도가 붕괴하였습니다. 아저씨들이 새장 같은 진주성을 어떻게 지키겠어요? 빨리 성문을 열고 항복하세요"라고 외치게 하였다. 화가 난 진주성의 군사들이 호통치려고 하거나 심지어 성문을

임진왜란과 병자호란

열고 나가려 하자 김시민이 이를 제지하면서 일체 대응을 금지했다.

10월 8일 아침 일본군은 대대적인 진주성 공격을 감행하였다. 이때 진주성은 외성이 무너지면서 함락 직전까지 몰렸으나 간신히 이를 수습하고 적군을 물리쳤다. 그러나 진주성의 상황은 점점 더 나빠지기 시작하였는데 화살이 떨어지고, 보급품이 동이 나기 시작하였다. 김시민은 병사들에게 일본군이 접근하면 화살을 아껴두라고 말하면서 돌이나 기왓장을 던져 막으라고 지시하였다.

진주지도(晉州地圖) 출처: 서울대 규장각

다시 밤이 되어 전투가 멈추자 진주성 밖 조선 의병이 남강 건너편 쪽에서 횃불을 올려 진주성 수비군을 응원하였다. 일본군 지휘부는 진주성을 함락시키지 못하는 것은 진주성 외곽에 분산되어 진주성으로 진격할 때마다 뒤쪽에서 응원하는 소부대 의병들 때문이라 판단하였다.

10월 9일 일본군은 공격부대를 다수의 소부대로 나누어 편성한 다음 진주성 외곽에 있는 조선군 지원부대 공격에 나서게 되었다. 이러한 병력 분산작전은 일본군의 전력을 약화시키는 원인으로 작동하여 의병들에게 유리한 결과만 가져오게 되었다. 왜군은 의병장 김준민과 싸움에서 격퇴당해 큰 손실을 보았다. 전라도 의병장 최경회 부대가 성밖에 도착하여 성안 수비군과 호응하면서 일본군을 압박하니 일본군은 공격의 실마리를 찾지 못했다.

이에 일본군은 공성 작전을 바꾸는데 대나무 다발과 연결 사다리를 많이 준비한 다음 토성을 쌓고 누대를 만들어 한 부대가 그 위에서 성안으로 총을 쏘아대는 동안 한 부대는 밑에서 대나무를 엮어 만든 방패를 들고 접근해왔다. 이에 조선군은 대포와 천자총통으로 공격하여 누대樓臺를 부숴버렸고 적들은 큰 피해를 보고 퇴각하였다.

공성에 계속 실패하자 계략을 써서 수비군을 성 밖으로 유인하기 위해 밤에 모닥불을 여기저기 피워놓고 거짓 퇴각하는 것처럼 꾸몄다. 그런데 일본군에게 잡혀있던 조선 아이 한 명이 탈출하여 성문으로 달려왔다. 이에 성문을 열고 아이에게 적의 상황에 관해 물어보니, 적이 "내일 새벽 총공격을 한답니다"라고 알려주었다.

10월 10일 새벽이 되자 아이의 말대로 일본군이 총공세를 퍼붓기

임진왜란과 병자호란

시작하였다. 외벽이 일시 점령되어 수비진이 뚫렸지만, 내벽은 온전했고 양측이 사력을 다해 싸웠으므로 야간까지도 난전이 계속되었다. 이때 앞장서 전투와 지휘를 하던 김시민은 왼쪽 이마에 총상을 입는 부상을 당하였다.

곤양 군수 이광악이 김시민을 대신해 부대를 독려해 전투를 승리로 이끌었다. 결국, 적이 다음날 오전 열한 시쯤에 퇴각하기 시작하였다. 김시민은 며칠 동안 사경을 헤매다 끝내 세상을 떠났다. 누란지세累卵之勢에 처한 나라의 운명을 바꾼 전투로써 역사에 길이 남을 대승이었다.

일본에서는 이 진주성 전투의 패배에 대한 충격이 너무 커서 김시민의 이름을 모쿠소(목사)라고 불렀는데 일본 소설이나 연극에서 일본군을 괴롭히는 괴물로 등장하였다. 이어서 2차 진주성 싸움이 발발하게 되는 것도 1차 진주성 싸움의 복수를 위한 것인 만큼 일본에 준 충격은 엄청난 것이었다.

진주성 전투에서 당시 일본군 사망자는 지휘관급 3백 명과 병사 1만 명 이상으로 후퇴할 때 사망자의 많음을 숨기기 위해 시신을 불태우고 후퇴하였다. 일본육군이 모든 전투에서 이만한 피해를 당한 적이 없었기 때문에 진주성 전투 하나만으로도 일본군의 기세를 꺾어놓기에 충분했다. 이 전투 결과 일본 수군과 육군이 계획한 수륙병진 작전과 보급 작전은 완전히 물거품이 되었다.

만약 이때 조선군이 진주성 전투에서 패배하고 전라도 방어선이 뚫렸다면, 해상 전투에만 집중하고 있는 이순신의 조선 수군의 안위에도 영향을 주었을 것이고 전라도 곡창지대를 적에게 내주어 일본군은 안심하고 조선에서 장기전을 수행할 수 있는 발판을 마련할 수 있었을 것이다.

진주성 전투는 병력 3~4천 명으로 열 배가 넘는 적의 병력을 상대로 거둔 엄청난 승리였다. 현재 진주 남강 유등축제도 진주성 전투가 유래이다. 진주성 전투 당시 병력이 진주성으로 모이는 것으로 보이기 위한 교란 목적과 의병들에게 진주성의 상황을 전달하는 지원요청, 가족들의 소식 등을 전하기 위해 남강에 종이 등을 띄워 보낸 것이 그 유래였다.

임진왜란과 병자호란

07 행주대첩

| 평양성 탈환

1592년 10월 진주성에서 막대한 피해를 본 일본군은 더 이상 공세를 유지할 수 없었고 이 시기를 지나면서 전세는 조금씩 조선에 유리하게 흘러갔다. 더구나 보급마저 끊긴 일본군은 점차 수세에 몰리게 되었다. 이런 상황에서 고니시 유키나가는 최북단인 평양성에 고립되어 있었다.

한때 승승장구乘勝長驅하면서 무섭게 진군하던 고니시 유키나가였지만 이제는 본국으로부터 모든 지원이 끊긴 채 평양에서 외롭게 틀어박혀 있어야만 했다. 그리고 겨울이 되자 상황은 더욱 악화되었다. 고니시 유키나가와 같이 종군한 그레고리 세스페데스 신부가 쓴 편지에 평양의 상황을 이렇게 표현하고 있다.

'이곳 조선의 추위는 매우 혹독하며 일본의 추위와는 비교할 수 없습니다. 저는 온종일 추위에 움츠리고 다니며 아침 미사 때는 손을 움직이기도 힘들지만, 주님의 은총으로 아주 건강하게 잘 지내고 있습니다. 굶주림, 추위, 질병 그 밖에 일본에서 상상하는 것과는 매우 다른 수많은 고통을 겪는 이곳 가톨릭교도들의 고난은 너무나도 큽니다. 일본에서 보내주는 식량의 양이 너무 적어 그것만으로 지탱하는 것은 불가능하고, 일본의 지원은 형편없고 늦기까지 합니다.'

하지만 고니시 유키나가는 심유경과 맺은 50일간의 휴전협정으로 인해 공격할 수도, 퇴각할 수도 없는 진퇴양란進退洋亂에 빠져버렸다.

일본 측 기록에 따르면 심유경의 휴전협정 조건은 조선의 땅 일부를 일본에 내어주고, 일본이 명나라에 사신을 보내 조공하는 것이었다. 그는 북경에 돌아가 황제의 승인을 받은 후 다시 평양으로 돌아오기까지는 50일이 필요하다고 말했다. 고니시 유키나가는 이것이 시간을 끌려는 속임수인지 의심했지만, 심유경의 현란한 말솜씨에 설득당할 수밖에 없었다.

루이스 프로이스가 남긴 대화록을 보면 심유경이 얼마나 영악한 인물인지 확인할 수 있다. 고니시 유키나가가 명나라군이 그렇게 강하다면 왜 일본과 강화를 체결하려는지 묻자 심유경은 이렇게 대답했다.

"조선 땅을 일본이 차지하든 원래대로 조선인이 차지하든 명 입장

임진왜란과 병자호란

에서는 중요하지 않다. 조선 땅에서 일본인을 몰아내는 것이 불가능하지 않겠지만, 우리에게 매우 어려운 과제가 될 것이므로 힘으로 일본군을 몰아내는 대신 일본 측이 원하는 대로 강화를 맺는 것이 낫다고 판단했다. 사실 명은 조선인을 별로 좋게 생각하지 않고 오래전부터 이들을 조선 땅에서 몰아내고 싶어 했다. 이번 전쟁을 기회 삼아 조선 왕을 가둬놓을 생각이다."

마지막으로 심유경은 명나라 사람들에게 일본군의 무기가 얼마나 뛰어난지 보여주면 일본군과 싸우는 것을 포기하게 될 거라면서 일본군이 사용하는 모든 무기의 견본을 하나씩 받아 갔다.

당연히 이것은 거짓이었고, 심유경의 본래 목적은 일본의 무기를 엿보고 그 위력을 견딜 수 있는 갑옷을 만드는 것이었다. 심유경의 활약으로 명나라는 50일간의 충분한 시간을 벌 수 있었다.

강물이 어는 12월이 되자 제독 이여송이 이끄는 4만의 병력이 압록강을 건너 조선 땅에 들어왔다. 이여송은 척계광과 함께 명나라 최고 명장으로 알려진 이성량의 아들로 그 자신도 실력을 인정받은 장군이었다. 평양성 공격을 논의하기 위해 이여송을 찾아간 류성룡은 그의 인상에 대해 당당한 대장부였다고 적었다.

평양성 지도를 펼쳐놓고 지형과 군대가 접근할 수 있는 도로 등을 설명하자 이여송은 류성룡이 가리키는 곳에 붉은색으로 표시했다 한다. 이여송은 일본군이 조총의 위력을 알고 있지만, 명나라의 대포는 5~6리를 날아가니 적이 어찌 공격을 감당할 수 있겠는가 하면서 자신감을 드러냈다. 하지만 고니시 유키나가는 명나라군이 조선 땅에 들어와 곧 자신들을 공격하리라는 것을 모르고 있었다. 고니시 유키나가는 50일 동안 군사 활동을 멈추고 오로지 심유경만을 기다리고 있었지만 약속한 기일이 지나도록 아무런 기별이 없자 공격을 재개할 준비를 하고 있었다.

심유경은 전갈을 보내 자신이 말에서 떨어지는 사고를 당해 움직일 수 없기 때문에 약속을 이행하지 못했노라고 말하면서 못 믿겠다면 자신이 있는 곳으로 사람을 보내 확인해보라 했다.

고니시 유키나가는 심복인 다케우치 기치베에와 병사 20명을 심유경에게 보내 그의 말이 사실인지 확인하게 했다. 하지만 심유경과 명나라군은 다케우치와 그의 수행원들을 사로잡았고, 눈치 빠른 그의 수행원 다섯 명만 평양성으로 도망칠 수 있었다. 자신이 속았다는 것을 안 고니시 유키나가는 곧바로 전투를 준비했다. 그로부터 2~3일 후인 1593년 1월 6일 조명연합군이 평양성을 공격하기 시작했다. 이때 조명연합군의 병력은 조선군 1만 명과 명나라군 4만3천 명으로 합이 5만3천 명이었으며, 일본군은 대략 1만 명이었을 것으로 추정된다.

1월 6, 7일 이틀 동안 몇 차례 백병전을 치르면서 일본군의 군세를 확인한 조명연합군은 1월 8일 압도적인 병력과 화력을 동원하여 총공격을 가했다. 일본군은 강력하게 방어하였지만, 점차 밀리기 시작했고, 수비 범위가 넓은 외성을 포기하고 내성으로 물러났다.

이때 일본군은 수적으로도 열세인데 무기마저도 무뎌져서 더 싸울 수도 없는 상황이었다고 한다. 고니시 유키나가는 목숨을 부지하기 위해 도망친다고 하더라도 관백 도요토미 히데요시에게 벌을 받을 것이니 싸우다가 명예롭게 죽자고 하였다. 그러나 주변 장수들은 관백에게는 우리가 모두 전사해 적의 사기를 북돋워 주는 것이 최악의 결과일 거라면서 어떻게든 살아남아야 한다고 말했다. 결국, 고니시 유키나가는 남은 병력을 챙겨 평양성을 탈출했고, 이여송은 일본군을 막는 대신 퇴로를 열어주었다. 궁지에 몰린 적이 죽을 각오로 싸운다면 아군 또한 희생이 크리라 판단한 것이다. 1593년 1월 9일 조명연합군은 평양성을 반년 만에 탈환하였다.

징비록에 따르면 류성룡은 김경로에게 주요 길목을 지키면서 퇴각하는 적을 공격하라고 했지만, 그는 싸우는 것이 겁이 나서 달아나 버렸다고 한다. 만약 김경로가 적의 퇴로를 차단하고 퇴각하는 고니시 유키나가의 군대를 패퇴시키는 것은 어려운 일이 아니었을 것으로 생각하니 많은 아쉬움이 남는다.

평양성 남쪽 봉산 성에는 오오토모 요시무네라는 적장이 성을 지키고 있었는데 도망치는 전령들이 오오토모에게 고니시 유키나가가 이미 전사하였고, 명나라군대가 여기로 쳐들어오고 있을 것이라고 전하였다. 오오토모는 성을 버리고 한양으로 퇴각했다. 평양성을 버리고 퇴각한 고니시 유키나가는 곧바로 오오토모의 봉산 성으로 퇴각했는데 이미 오오토모가 퇴각한 것을 확인한 고니시 유키나가는 성을 버리고 도망쳤다고 오오토모를 비난하였다고 한다.

고니시 유키나가는 명나라군대가 추격을 중지했기 때문에 가까스로 한양으로 철수할 수 있었다. 하지만 그의 병력 제1번대는 그동안의 전투로 18,700명 중 65%인 12,000명이 전사하는 엄청난 피해를 본 상태였다.

조명연합군이 평양성을 탈환하자 적장 고니시 유키나가, 구로다 나가마사, 고바야케 타카카게등이 한양에 집결하였고 함경도를 점령하고 있던 가토 기요마사도 남아 있던 병력을 정비하여 한양으로 남하하였다.

한양에 모인 일본군 수뇌들은 방어를 위한 대책회의를 열었고, 이때 많은 장수가 한양을 버리고 퇴각해야 한다고 주장하였다. 그러나 코바야케와 타카카게만이 쉽게 등을 보였다가는 후에 큰 낭패를 당하게 될 것이므로 나중에 후회하게 되더라도 적의 기세를 먼저 꺾어야 한다면서 맞서 싸울 것을 주장하였다.

1593년 1월 27일(음) 조선 장수 고언백이 벽제관 일부를 정찰하던 중 소수의 일본군을 발견하여 이여송에게 보고하였다. 한참 기세가 올라있는 이여송은 기병 1천 기만을 이끌고 일본군을 사로잡기 위해 벽제관으로 달려갔다. 하지만 일부 일본군이 나타난 것은 함정이었고, 대규모 일본군이 벽제관 뒤쪽 산 중턱에 매복하고 있었다.

매복에 걸린 이여송의 1천 기병은 일본군의 상대가 되지 못했으며, 이여송 본인도 사로잡힐 위기에 처했다. 다행히 후속하는 명나라군 본진이 전투에 참여하여 이여송을 구출했지만, 초반에 전투에 참여한 명나라군은 큰 피해를 본 채 개성으로 후퇴하였다. 일본기록인 「격 조선론」에 따르면 이날 죽은 명나라 군사가 1만여 명이라 기록되어 있다.

벽제관에서의 패배로 완전히 기세가 꺾인 이여송은 남하하는 대신 개성으로 돌아가려 하자 류성룡은 다시 진격해야 한다고 항의하였다. 이여송은 자기 군이 동파에 주둔하면서 기회를 봐 다시 움직이겠다고 말하였지만, 이여송은 류성룡이 물러나자 곧바로 군을 돌려 개성으로 돌아갔다. 얼마 후 이여송의 명군은 가토 기요마사가 평양성을 공격한다는 소문을 듣고 다시 북상해 평양성까지 후퇴해 버렸다. 이여송으로서는 군이 큰 피해를 보면서까지 전장에 적극적으로 개입할 필요를 느끼지 못했기 때문이다. 하지만 명나라군의 소극적인 행동으로 인해 조선군이 전세를 역전시킬 기회를 얻게 된다.

| 권율과 행주산성의 승리

당시 전라도 순찰사 권율은 명나라 지원군이 한양을 탈환하려 할 때 조선군도 지원하라는 류성룡의 서신을 받고 부대원 3천 명과 함께 북상 중이었다. 이때 명나라군이 벽제관 전투에서 일본군에 참패하면서 철수해 버리자 권율의 3천 병력은 행주산성에 고립되는 처지가 되었다.

한편 한양 인근에 소수의 조선군이 집결해 있다는 정보를 획득한 일본군은 벽제관 전투 이후 10일 만(1593년 2월 12일, 음)에 조선군 병력의 10배에 달하는 3만 명의 병력을 이끌고 행주산성으로 진격하였다.

애초에 권율은 명나라에서 원군이 많이 왔으니 적이 이곳 행주산성까지 쳐들어올 리 없다면서 목책을 만들지 않았는데, 부장이었던 조경이 숫자가 적은 병력으로 큰 적과 가까이 있으니 반드시 목책이 필요하다고 건의하였다. 그래도 권율이 고집을 부리면서 목책을 만들지 않자 조경은 권율이 회의참석차 자리를 비운 이틀 사이 군사들을 동원하여 2중으로 목책을 완성했다. 회의참석을 마치고 돌아온 권율은 부장 조경이 고집이 세다면서 질책을 하였는데, 목책이 완성된 지 사흘 만에 일본군이 쳐들어왔다.

일본군은 3만의 대군을 7개 부대로 나눠 차례대로 공격해오기 시작했다. 제1군은 고니시 유키나가의 부대, 2군은 이시다 미츠나리의 부대, 3군은 구로다 나가마사 부대가 차례대로 행주산성을 향해 진격해오기 시작했다. 일본군의 대대적인 공격이 시작되자 조선군은 화차, 신기전, 비격진천뢰, 돌 파편 등을 쏘아 날리며 방어전을 펼쳤다.

일본군 제1, 2선발대는 공성 장비도 없이 인원만 동원되어 조총을 쏘아대며 공격하다 큰 피해를 보고 퇴각했다. 이에 제3군 구로다 나가마사의 부대는 행주산성을 본격적으로 점령하기 위해 누각樓閣을 세워 총병과 궁수를 배치한 후 총포와 활을 쏘아가며 전통적인 공성전을

임진왜란과 병자호란

전개하였다. 그러나 조선군에는 천자총통이 있었다. 적이 설치한 누각을 향해 천자총통으로 누각을 송두리째 파괴해 버렸다.

1, 2, 3군의 공격대가 조선군에게 패해서 돌아오니 총대장이었던 우키다 히데이에가 직접진격하여왔다. 이 공세로 행주산성의 1차 목책 외벽이 뚫리는 절망적인 상황까지 왔다. 그리하여 조선군은 우키타 히데이에가 있는 곳에 집중적인 포사격을 시작하였다. 이 화포 공격으로 총사령관 우키타와 2군 지휘관 이시다 미츠나리가 부상을 입으면서 제4진도 물러나게 되어 조선군은 가까스로 위기를 벗어나게 되었다.

제4군이 패해 물러난 뒤 키카와 히로이에가 지휘하는 제5군은 화공전술을 펼쳤지만, 조선군이 화공을 예상하고 물을 준비하여 5군도 전과 없이 퇴각하였다. 6군은 행주산성의 서(북)쪽 승병이 방어하는 지역으로 공격하였으나 조선군은 이를 격퇴하였다. 그러나 제7군이 또다시 승병들이 방어하는 지역을 뚫고 들이닥쳐 결국 성내로 적군이 밀려들기 시작하였다.

승장 처영과 권율이 지휘하는 조선군과 제7군 고바야카와 다카카게의 일본군 간의 치열한 백병전이 전개되었다. 지금까지 전투에서 백병전은 일본군이 압도적인 전력우위에 있었으나 그동안 조선군도 많은 실전 훈련을 통해 일진일퇴_進—退_의 공방전을 펼칠 수 있었다. 이때 조선군 진지에 화살이 다 소진되어 투석으로 맞서는 상황이 전개되었다. 조선군의 화살이 다 떨어져 패색이 짙어질 때쯤 기적 같은 구원의 손길이 다가왔다. 바로 충청 수사 정걸이 판옥선 2척에 화살 수만 발을 싣고 한강을 거슬러 왔던 것이다.

때마침 양천으로 가는 수십 척의 전라도 조운선(세곡 운반선)이 행주산성 옆을 따라 한강을 지나갔다. 이것이 일본군에게는 이순신이 인솔하는 조선 수군의 지원군이 들이닥친 것으로 보였다. 이들이 적의 후방에 내릴 기세를 보이자 일본군은 당황하여 비로소 물러나기 시작하였고 이때를 노려 조선군은 퇴각하는 일본군을 공격하여 많은 사상자를 냈다. 10배의 병력우세를 지키지 못하고 참패한 도요토미 히데요시의 대리장을 맡은 이시다 미츠나리는 이후 본국으로 송환되어 처형되었다.

행주대첩의 승리를 듣고서야 평양으로 회군했던 명나라군도 다시 움직이기 시작하였다. 나흘 뒤인 2월 16일 권율의 부대는 행주산성을 뒤로하고 파주 산성으로 군세를 옮겨 정세를 관망하였다. 이 전투는 벽제관 등지에서의 승리로 다시 조명연합군에 대한 반격을 꾀하고 있던 일본군을 완전히 몰락시키는 계기가 되었다. 이 전투 이후 약 2달 동안 양군은 전투 소강기를 갖고 결국 양측이 접촉이 오간 사이 일본군 전군이 한성에서의 모든 것을 포기하고 부산 등지로 철수하는 대신 철수 과정에서는 연합군이 공격하지 않는 것을 보장하는 조건으로 합의가 이루어졌다.

일본군은 4월 18일 한성에서 패퇴하여 남해 쪽으로 내려갔다. 드디어 조선은 선조가 1592년 4월 28일 한양을 버리고 도망간 지 일 년 만에 수도인 한성을 수복하였다. 그러나 한양으로 돌아온 대신들이

임진왜란과 병자호란

국왕이 도성에 있어야 나라가 안정될 수 있다며 의주에 머물던 선조에게 어서 도성으로 돌아올 것을 요청하자 선조는 그만 양위를 선언하였다.

　나라가 전쟁통에 난관을 헤쳐나가기도 어려운 시기에 왕의 양위선언에 대신들은 성리학적 사관에 따라 양위를 말리면서 더욱더 왕의 한양 입성을 간하자 선조는 또다시 양위를 선언하는 과정을 거쳐 일본군이 한양을 버리고 남쪽 지역으로 내려간 지 5개월이 지난 10월 4일 한양으로 복귀하였다.

■08 제2차 진주성 전투

　1593년 1월(음) 고니시 유키나가가 평양성에서 퇴각하자 조선군은 고니시 유키나가의 군대를 섬멸할 수 있는 절호의 기회를 얻게 된다. 고니시 유키나가는 조선군에게 잇따른 참패를 안긴 적장이었기 때문에 조선으로서는 기필코 그를 죽여 원한을 갚아야 할 대상이었다. 하지만 류성룡의 계속된 독촉에도 김경로가 추격을 포기하자 고니시 유키나가는 무사히 한양으로 도망칠 수 있었다.

　이에 격분한 류성룡은 김경로를 처형하자고 청했는데 이여송은 그의 죄는 죽어 마땅하나 지금은 한 명의 무사도 아까운 상황이라며 그를 살려줬다. 하지만 김경로 때문에 고니시 유키나가를 살려줬다는 것은 류성룡의 일방적인 주장이었다. 설령 류성룡의 주장처럼 김경로가 비겁한 마음으로 추격을 포기했다는 한 가지 잘못으로 그의 임무를 평가하는 것은 올바르지 못할 수 있다. 4년 뒤 김경로가 남원성 전투에서 결사대를 조직해 싸우다 전사하였다는 사실을 보더라도 류성룡의 주장은 온당하지 못한 면이 있다. 이 사건에서 추론해보면 조선이 문신의 나라로서 정세를 바라보는 시각이 얼마나 협소하고 근시안적으로 운영되고 있는지 알 수 있다.

벽제관 전투에서의 승리로 사기가 올라온 일본군이었지만 뒤이어 치른 행주산성 전투에서의 패배로 한양에 모인 일본군은 나아가지도 도망가지도 못하는 암울한 상황에 놓여버렸다.

전쟁 전 일본인은 중국인을 나약한 민족이라 생각하였다. 그 수가 아무리 많다 하여도 총소리만 듣고도 도망칠 거라 생각하였다. 하지만 이것은 중국 남부 해안지대에서 노략질하던 해적들의 보고였고, 그들은 명나라의 정규군을 본 적이 없었다. 실전에서 명나라군이 일본군에 전혀 밀리지 않는다는 것을 확인한 일본군은 전투를 피해 한양에서 틀어박혀 있을 뿐이었다. 일본군이 지난 1년 동안 전투 중 사망한 자의 숫자를 보더라도 그 피해가 적지 않음을 알 수 있다.

-고니시 유키나가의 1번대 총 18,700명 중 7,400명 생존
-가토 기요마사의 2번대 총 22,800명 중 14,400명 생존
-구로다 나가마사의 3번대 총 11,000명 중 5,000명 생존

나머지 부대와 남해에서 이순신 장군에 대패한 수군을 합치면 일본군 총참전병력 224,772명 중 사망자 100,586명을 기록했다. 결국, 일

본군은 참전 일 년 만에 전체 병력 중 절반을 잃은 것이다. 많은 전투에서 일본군이 조선군을 압도했기 때문에 일본군의 사망자가 많지 않았을 거라는 오해가 있지만, 기록에 없는 수많은 전투가 있었다. 그로 인해 일본군의 피해가 엄청났다는 것을 짐작하게 한다.

이때 2척의 배로 행주산성의 화살을 전달했던 충청 수사 정걸의 판옥선 50척이 한강을 거슬러 올라와 일본군이 군량미를 보관하고 있던 용산의 식량 창고를 공격하여 불태워 버렸다. 이로 인해 가뜩이나 식량이 부족한 일본군이 전의를 잃고 퇴각을 결심하게 되었다.

정걸은 조선의 주력함이었던 판옥선을 설계한 인물로 당시 여든에 가까운 고령이었다. 하지만 임진왜란이 발발하자 자신보다 무려 서른 살이나 아래인 이순신을 보좌하면서 옥포 해전과 한산도 해전에서 공을 세우기도 하였다.

| 강화협상과 일본군의 철군

절박한 상황에 놓인 일본군에게 강화의 협상 파트너가 등장하였다. 심유경은 양측 모두 맹렬히 싸우다 피해를 보기보다 일본군이 평화롭게 조선에서 물러나기를 바라고 있었다. 심유경은 고니시 유키나가에게 서신을 보내 평양에서 거짓말한 것에 대해 사과하면서 협상을 재개할 수 있다면 자기 또한 그럴 준비가 되어있다고 말하였다.

고니시는 다른 장수들에게 심유경의 편지를 보였고, 오랜 전쟁을 빨리 끝내고 하루빨리 고국으로 돌아가고 싶었던 이들은 협상에 응하기로 하였다. 한양에서 심유경과 고니시 유키나가는 협상이 시작된 지한 달 만인 4월 8일(음) 강화에 잠정 합의하였다. 도요토미 히데요시는 강화조건으로 8도 중 한남 이남의 4도(경기, 충청, 경상, 전라도)를 일본이 차지하고, 명나라 공주를 천왕의 후궁으로 삼겠다는 등 무리한 요구를 하였다. 이 문제로 양측은 완전합의에 이르지 못하여, 먼저 일본군이 일단 한양에서 퇴각하기로 하고 추후 협상하기로 했다.

일본군은 함경도에서 포로로 잡은 두 왕자(임해군, 순화군)와 심유경, 명나라 사신 두 명, 조선 백성 1,000명 등을 인질로 잡고 남해안을 따라 왜성을 향해 철군하였다. 4월 20일 권율이 이끄는 조선군이 텅 빈 한양에 입성했지만 일 년 만에 되찾은 한양은 생지옥으로 변해 있었다. 류성룡은 「징비록」에서 전쟁으로 고통받고 있었던 백성들의 처절한 실상에 대해 이렇게 기록해 놓았다.

'백성들은 농사지을 종자도 얻지 못하여 태반이 굶어 죽었다. 명나라 총병 사대수는 길에 아기가 엉금엉금 기면서 죽은 어미의 젖을 빠는 모습을 보고 슬퍼하며 아기를 거두어 군대에서 기르게 했다. 저녁에 큰비가 내렸는데 굶주린 백성들이 내 숙소 좌우에서 슬퍼하며 신음하니 차마 그 소리를 들을 수 없었다. 아침에 일어나보니 흩어져서 죽은 자가 매우 많았다. 명나라군대를 따라 한양에 들어와 보니 성안에 살아남은 사람은 원래 인구의 십 분의 일도 되지 않았고, 살아있는 사람들도 모두 굶주리고 지쳐서 낯빛이 귀신같았다. 그때 날씨가 매우 더워서 죽은 사람과 말이 썩는 냄새가 성을 가득 채웠다.'

류성룡은 굶주린 사람들을 살리기 위해 솔잎가루에 쌀가루를 섞어 물에 타 마시게 했는데 살아난 사람이 얼마 되지 않았다고 한다. 한양에 입성한 권율은 곧바로 일본군을 추격하려 했지만, 이여송의 제지로 추격을 멈추었다. 류성룡 또한 일본군을 추격해야 한다고 주장했지만, 명나라군 이여송은 애초부터 싸울 의사가 없었다. 그렇게 일본군은 남해까지 아무런 제지 없이 왜성으로 들어갈 수 있었다.

| 진주성의 함락

하지만 그때 도요토미 히데요시는 진주성 전투에서 패배한 것을 설욕하기 위해 부산의 왜군 본진에 비밀 명령서를 하달하였다. 지난날 진주성에서 일본군이 굴욕적인 패배를 당한 것을 도요토미 히데요시는 잊지 않고 있었다.

일본군이 진주성을 공격할 것을 안 심유경이 고니시 유키나가에게 항의하자 고니시는 공격을 막을 수 없으니 차라리 진주성을 비우고

임진왜란과 병자호란

사람들의 목숨을 살려야 한다고 말했다.

"진주로 가는 우리 일본군대가 30만 명이나 되니 아마도 당해내지 못할 것이다. 편지를 보내어 은밀히 알려주어 진주 백성들로 하여금, 미리 예봉을 피하게 하라. 그렇게 하면 우리 일본군대도 성이 텅 비고 사람이 없는 것을 보고는 곧 철병하여 동쪽으로 돌아올 것이다."

이에 명군明軍은 일본군의 의도가 명백하니 진주성을 방어하지 말 것을 권하기까지 하였다. 적의 대군을 확인한 곽재우는 성을 지원하는 것은 자살행위라면서 진주성 구원을 포기하였다. 곽재우가 "오직 임기응변할 수 있는 자만이 제대로 군사를 부릴 수 있고 지혜로운 자만이 적을 헤아릴 수 있는 것입니다. 지금 적병의 성대한 세력을 보건대, 그 누구도 당하지 못할 기세를 떨치고 있는데, 3리里밖에 안 되는 외로운 성으로 어떻게 방어하겠습니까? 나는 차라리 밖에서 원조할지언정 성에 들어가지는 않겠습니다" 하니 경상우도 관찰사 김늑이 그를 꾸짖기를 "그대가 대장의 명을 따르지 않으면 군율에 어쩌려는가?" 하자 곽재우는 "이 몸이 죽는 것은 족히 아까울 것이 없으나 전투 경험이 많아 노련한 군졸들을 어떻게 차마 버릴 수 있겠습니까?"라고 했다.

그 와중에 일부 장수와 군인, 소수의 의병은 기어이 진주성으로 들어갔다. 사실 2차 진주성 전투는 딱히 기습도 아니었고 양측 모두 전투가 벌어질 것이라는 걸 알고 있었기에 진주성의 군인들은 충분히 진주성을 벗어날 기회가 있었음에도, 명군明軍과 다른 조선군의 권고에도 불구하고 끝까지 진주에 남아 싸울 것을 결의했다. 이들은 일본의 진정한 의도를 알 수 없었고, 어떤 이유든 진주가 함락되면 전라도가 위험하므로 계속 진주를 방어해야 한다고 주장했다.

의병장 김천일은 "호남은 나라의 근본이고 진주는 실로 호남의 울타리이다!"라며 진주를 지킴으로서 호남을 보호할 것을 주장하면서 진주성으로 들어가 죽기를 각오하고 싸울 결심을 하였다. 더구나 당시 1차 전투의 승전으로 영남지역의 백성들 및 인근의 백성들 사이에 일본군으로부터 도망치기는 어렵고 진주성은 견고해서 함락이 안 된다라는 소문이 번져 수만의 백성들이 그곳으로 몰려들었다.

당초에 황진이 진주로 나가려 할 때 의병장 곽재우가 황진을 만류하며 말하기를 '진주는 외로운 성이니 지켜낼 수 없다. 그리고 공은 충청도 절도사를 맡은 만큼 진주를 지키다 죽는 것은 직분에 걸맞지 않다'라고 하였으나. 황진은 '이미 창의사 김천일에게 승낙하였으니, 비록 죽는 한이 있어도 실언할 수 없다'라고 하였다. 이에 곽재우가 그의 뜻을 되돌릴 수 없다는 것을 알고는 마침내 술잔을 나누며 서로 작별하는데 후에 그가 죽었다는 소식을 듣고서는 애통해하며 슬퍼해 마지않았다.

일본군은 병력을 5개 부대로 나눠 진주성을 포위 공격하기 시작했다.

제1대는 가토 기요마사 군 포함 25,624명
제2대는 고니시 유키나가 군 포함 26,182명

임진왜란과 병자호란

제3대는 오오다 도모스케(전국시대인물)군 포함 18,822명

제4대는 모리 히데모토 군 13,600명

제5대는 고바야카와 타카카게 군 포함 8,744명

총 92,972명으로 그야말로 10만에 육박하는 대군이 진주성을 포위하고 공격하기 시작하였다.

이에 대응한 조선군은 관군과 의병을 합쳐 6,000~7,000명으로 판단된다. 일본군 병력의 1/10에도 미치지 못했던 병력이었지만 과거 1차 진주성 전투에서 김시민 장군과 함께 싸운 정예군들도 상당수 포함되어 있었다.

1593년 6월 22일(음) 93,000명의 일본군이 병력을 5개 부대로 편성하여 진주성을 공격하기 시작했다. 당시 진주목사로 있던 서예원이 무능한 모습을 보이자 의병장 김천일이 명목상 전체의 방위사령관을 담당하고 실제로는 황진이 진주성의 수비를 지휘하게 되었다. 황진의 뛰어난 활약 덕분에 조선군은 일본군의 연이은 파상 공세를 잘 막아내고 있었다. 하지만 진주성에서 쓰라린 패배를 경험했던 일본군은 쉽게 물러날 수 없었다. 압도적인 병력을 내세워 진주성을 밤낮없이 공격했고, 철갑으로 만든 귀갑거(일종의 전차)를 성벽 밑으로 끌고 와 쇠 송곳으로 성벽을 뚫었다.

6월 26일(음) 장맛비로 인해 일시적으로 전투가 소강상태가 되자 일본군은 '대국의 군사도 항복했는데 너희 나라가 감히 항거하느냐?' 하

는 내용의 글을 성안으로 던졌다. 그러자 조선군의 황진은 '우리는 단지 죽을힘을 다해 싸울 뿐'이라고 답했다.

진주성의 병사들은 일주일간 계속된 일본군의 파상 공세를 결사적으로 잘 막아냈다. 6월 28일 황진이 성 밑을 내려다보면서 사망자 수를 확인하던 순간 사망자 사이에 숨어 있던 일본 저격병이 쏜 총탄이 황진의 왼쪽 이마에 맞았고, 황진 장군은 전사하고 말았다.

죽은 황진을 대신하여 진주목사였던 서예원이 지휘권을 넘겨받았다. 그러나 서예원의 지휘는 조선군에게 아무런 용기나 사기를 올릴 수 없었다. 오히려 조선군의 지휘와 전투력에 혼란만 주었고, 다음날인 6월 29일(음) 진주성은 일주일간 계속된 적의 파상 공세로 일본군에 함락되고 말았다. 진주성을 지키고 있던 6,000여 명의 병력과 일본군을 피해 피란 왔던 조선의 백성들도 모두 죽임을 당했다.

8일간 이어진 전투에서 사망한 일본군은 약 3~4만으로 추정된다. 이후 진주성을 점령한 일본군은 전라도 진입을 몇 차례 시도 후 진격을 포기하고 부산 지역으로 퇴각하였다. 이 전투로 인해 전라 좌의병은 지휘부가 전멸했고, 전라 우의병은 병력 대부분을 상실해 전국 의병 중 전력이 가장 강했던 의병이 와해 되었다.

일본군은 진주목사 서예원을 김시민으로 생각해 목을 베어 일본에 보냈다. 이로써 1년 넘게 이어진 임진왜란의 전반기 전투가 끝나고 기나긴 협상의 시간이 다가온다.

임진왜란과 병자호란

4장

정유재란과 전쟁의 종결

01 강화 회담

    임진왜란 동안 벌어진 수많은 전투 중에서도 가장 참혹했던 전투로 기억되는 진주성 전투가 일본군의 승리로 끝이 났다. 열 배가 넘는 적을 상대로 9일간 치열하게 맞서 싸운 조선군이었지만 압도적인 전력의 열세를 극복하지 못하고 패배하고 말았다.

    의병장 김천일은 촉석루까지 밀리면서도 끝까지 항전하다 아들과 서로 부둥켜안고 남강에 몸을 던졌고, 경상우병사 최경회와 여러 장군도 남강에 투신하여 순국하였다. 진주성이 함락되자 조선인을 한 명도 남기지 말고 죽이라는 도요토미 히데요시의 명령에 따라 무려 6만이 넘는 조선 백성들이 죽임을 당하거나 납치되었다.

    진주 논개는 경상우병사 최경회의 후처_{後妻}로 일본군이 두 번째로 진주성을 침공한다는 소문이 흉흉할 때 경상우병사 최경회가 진주성에서 의병을 모집하고 진주성을 수비하기 위해 동분서주할 때 최경회를

임진왜란과 병자호란

도우며 보필하고 있었다. 일본군의 압도적인 우세로 진주성이 함락되고, 경상우병사 최경회가 남강에 뛰어들어 순국하자, 논개는 일본군들이 촉석루에서 연회를 벌이고 있을 때 왜장 기타마고베를 유인하여 끌어안고 남강에 투신하여 순절하였다.

1594년 유몽인이 삼도순안 어사가 되어 하삼도의 피해 상황을 살피던 중 진주에 머물면서 진주성 전투에서 희생된 사람들의 명단을 정리하는 과정에서 논개 이야기를 듣고 정사에 실리지 못한 것을 안타까워하였다. 당시 논개가 관비로 알려졌다는 이유만으로 순국 사실이 정사에 기록되지 않자 이를 안타까워하여 자신이 편찬한 「어우야담」에 기록하였다.

'논개는 진주의 관기였다. 계사년에 창의사 김천일이 진주성에 들어가 왜적과 싸우다 성이 함락되자 군사들은 패배하였고, 백성들은 모두 죽었다. 논개는 몸단장을 곱게 하고 촉석루 아래 가파른 바위에 서 있는데 바위 아래는 깊은 강물이었다. 왜적들이 이를 바라보고 침을 삼켰으나 감히 접근하지 못했는데 오직 왜장 하나가 당당하게 앞으로 나왔다. 논개는 미소를 띠고 이를 맞이하니 왜장이 그녀를 꾀어내려 했는데, 논개는 드디어 왜장을 끌어안고 강물에 함께 뛰어들어 죽었다.'

그러나 해주최씨 문중의 기록인 「의일휴당실기」를 보면 논개는 관기가 아닌 것으로 나온다.

'공의 부실(후처)이 공이 죽던 날 좋은 옷을 입고 강가 바위에 거닐다가 적장을 유인해 끌어안고 죽어 지금까지 사람들은 의암義巖이라 부른다.'

| 강화협상의 진행

진주성 전투에서 일본군의 피해 또한 막대하여 진주성을 함락시킨 후 일본군은 더 이상 전투를 확장하지 않고 병력을 거두어 남해안에 쌓은 왜성으로 철수해버렸다. 전쟁을 빨리 끝내고 싶었던 명나라는 심유경을 강화 협상자로 보내 일본군 고니시 유키나가와 회담을 하고 있었다. 명나라가 일본에 원하는 것은

첫째, 일본이 조선 땅에서 완전히 물러나는 것

둘째, 조선의 두 왕자를 돌려보내는 것

셋째, 그리고 도요토미 히데요시가 전쟁에 대해서 사과하는 것이었다.

하지만 도요토미 히데요시는 명나라와 조선이 생각하는 강화조건과 완전히 다른 요구조건을 내세웠다.

첫째, 조선 4도(경상, 전라, 충청, 경기도)를 일본에 양도할 것

둘째, 화평의 표시로 명나라 황녀 한 명을 일본 왕의 후비로 보낼 것

임진왜란과 병자호란

셋째, 과거 일본인들이 명과 했던 교역을 허가할 것

넷째, 조선의 왕자와 대신 12명을 일본에 볼모로 보낼 것 등이었다.

이러한 히데요시의 요구사항은 조선이나 명나라에서는 도저히 받아들일 수 있는 조건이 아니었다. 하지만 협상 파트너였던 심유경과 고니시 유키나가는 서로 죽이 잘 맞았다. 고니시 유키나가는 독실한 천주교 신자로서 애초부터 전쟁 반대론자였는데 자신의 사위였던 대마도 영주 소 요시토시가 조선에 들어가 히데요시의 서신을 전달하면서, 조선의 통신사를 일본에 초청할 때 협상을 주도적으로 하였던 인물로서 여러 기록에서도 전쟁을 거부하였던 인물로 기록되고 있다. 그리하여 어떻게든 전쟁을 끝내고 싶었던 이 둘은 위험한 결단을 하게 된다. 중간에서 문서를 위조해 서로 자기 나라에 유리한 내용을 적어 보고하는 방법으로 강화협상이 이루어졌다. 고니시 유키나가는 부하였던 '나이토 조안'을 명나라에 보냈는데 그의 손에는 위조된 도요토미 히데요시의 항복문서와 도요토미 히데요시의 요구조건을 담은 문서가 있었다. 하지만 문건에는 원래 히데요시의 요구조건이 삭제되었고, 도요토미 히데요시는 단지 일본의 국왕으로 책봉되길 바라며, 신하로서 조공을 바친다는 내용만 적혀 있었다.

명나라 조정에서는 항복문서가 고니시 유키나가가 조작한 것으로 의심해 한동안 일본 측에 답신하지 않았다. 이때 명나라 조정에서도 전쟁에 대한 조선 책임론이 대두되고 있었다. 이여송의 상관이었던 경략 송응창이 당시 명나라 사신으로 갔던 윤근수(윤두수의 동생)에게 명나라 조정에서 보낸 편지를 보여주었는데, 편지내용에는 '조선이 일본군의 침략을 제대로 방어하지 못해 명나라까지 걱정을 끼쳤으니, 조선을 두세 개로 나눠 일본의 침략을 막을 수 있는 명의 속국으로 삼자'는 내용이었다. 송응창은 이어 "조정의 여론이 이러한데 너희 나라는 앞으로 어떻게 자신을 도모할 것인가? 이 일은 내가 힘을 다하여 보류하였으니 그대는 돌아가 그대 나라 왕에게 보고하여 좋은 계책을 세우도록 하라"라고 하였다. 송응창은 이여송처럼 군을 직접 지휘하지는 않았지만, 명나라군의 보급, 행정을 총괄하는 인물이었다.

당시 조선에 주둔하고 있던 명나라군의 행패가 심해, 백성들 사이에서는 왜적은 원래 빗 같고, 명나라군은 참빗 같다는 소리가 나돌았다. 명나라군의 행패를 보고받은 송응창은 행패를 부린 병사들을 처형하는 등 기강을 잡기 위해 힘썼다고 한다. 하지만 송응창은 탄핵당하여 명나라로 귀국하였고, 송응창 대신 경략으로 온 자는 고양겸 이었는데 그는 조선 조정에 공문을 보내 조선을 질책하였다.

"이때까지 들어간 군자금이 헤아릴 수 없으며, 병사와 말의 손상 또한 적지 않으니 조정이 속국을 대우하는 은혜가 이 정도며, 황제의 끝없는 은혜 또한 이미 과분하다 하겠다. 지금 너희 나라는 식량이 다하여 백성이 서로를 잡아먹고 있는 지경인데 또다시 무얼 믿고 군대를 요청하는가?" 고양겸이 언급했던 것처럼 백성들끼리 서로를 잡아먹었다는 내용은 징비록에도 등장하는데, 부모·자식과 부부가 서로 잡아먹는 지경이었고, 사람 뼈가 들풀처럼 흩어져 있었다고 기록되어 있

임진왜란과 병자호란

다. 굶주림을 견디지 못한 백성 중에는 스스로 일본군을 찾아가 음식을 얻어먹고 그곳에서 농사를 짓는 백성들이 많았다고 한다.

굶어 죽느냐, 사느냐의 갈림길에서 이들에게는 일본군에 복수하는 것이 아무런 의미가 없었다. 이런 와중에서도 선조는 강화를 거부하고 일본군을 공격해야 한다고 주장했지만, 일본군의 진격 앞에 누구보다 가장 먼저 도망친 그였기에 명나라 조정에서도 선조를 한심하게 여기고 있었다.

체면을 구긴 선조는 왕위를 세자에게 넘기겠다고 선언하였다. 유교 국가였던 조선의 신하들은 선조의 양위 문제가 터질 때마다 왕의 양위선언을 거두어 달라고 간청하는 일이 반복되었다.

나라가 백척간두百尺竿頭에서 신음하고, 백성들이 굶주려 서로 잡아먹는 와중에도 우리의 왕은 자신의 안위와 권력욕에 빠져 전쟁에서 공을 세운 장수들을 시기하고 역적으로 몰아 처형까지 시켰다.

2차 진주성 전투가 종료되고 일본군이 곧 전라도로 침공한다는 소문이 삽시간에 전라도 지방으로 퍼져 나가자, 전라도 지역에 민심이 흉흉해 지면서 이래 죽으나, 저래 죽으나 하는 마음으로 백성 중에 도적 떼가 들끓기 시작하였다. 이리하여 조정에서는 도적이라고 의심되는 인물들을 잡아들였는데, 이 중에는 의병을 일으켜 일본군을 상대로 공을 세운 의병장들도 포함되어 있었다. 이들은 모진 고문 끝에 억울한 죽임을 당했고 이를 목격한 백성들은 나라를 위해 싸우는 것을 주저하게 되었다.

| 강화협상의 실패와 정유재란

1595년 11월 명나라가 보낸 책봉사 이종성과 양방형이 부산항에 도착했다. 이들의 임무는 명나라 황제가 내린 칙서를 가지고 일본으로 가 도요토미 히데요시를 왕위에 책봉하는 것이었다. 강화가 거의 성립단계에 접어들었다고 판단한 양군은 소수의 병력만을 남긴 채 조선에서 철수하였고, 일본은 성의의 표시로 그동안 억류했던 두 왕자(임해군, 순화군)를 조선에 돌려보냈다.

그러나 명나라의 책봉 정사였던 이종성이 도요토미 히데요시가 명나라 사신들을 잡아 죽인다는 소문을 듣고 도망가는 일이 발생해 버렸다. 이종성이 도망가면서도 황제의 칙서와 인장은 두고 간 덕분에 남아 있던 책봉 부사 양방형이 정사가 되고 심유경이 부사가 되어 일본으로 건너갔다. 조선 측에서는 사신으로 황신을 일본으로 보냈는데 황신이 오사카성에 도착한 것은 명나라 사신들이 도착한 것보다 훨씬 늦은 1596년 9월이었다. 그런데 도요토미 히데요시는 황신을 만나주지 않았다. 조선이 왕자를 볼모로 보내주지 않았고, 사신으로 온 황신의 벼슬이 낮다는 이유였다. 반면에 도요토미 히데요시는 명나라 사신인 양방형과 심유경을 환대하였다.

글을 몰랐던 도요토미 히데요시는 명나라 사신들을 위해 축하연을 베풀고 있었는데 갑자기 명나라 황제 만력제가 보낸 교지를 읽게 하였다. 하지만 교지에는 애초 히데요시가 강화조건으로 요구한 내용은 없었고, 단지 히데요시를 일본 왕에 책봉한다는 내용뿐이었다.

격노한 히데요시는 이렇게 말했다.

"나를 일본의 국왕에 책봉하라는 말은 필요 없다. 나는 이미 일본의 태합이다. 나 스스로 이것으로 충분하다. 고니시 유키나가 이놈을 당장 내 앞으로 불러와라."

고니시 유키나가와 심유경이 몇 년간 합작한 사기극이 들통나는 순간이었다. 급변하는 상황 속에 명나라와 조선의 사신들이 조선으로 들어왔고, 히데요시는 고니시 유키나가를 불러 분노를 터트리면서 처형할 것을 명령하였다. 그러나 도요토미 히데요시의 참모들과 가신들이 고니시 유키나가가 그동안 세운 공을 생각해 처형을 만류하자, 히데요시는 앞으로 공을 세워 속죄하라는 말로 그를 용서해 주었다. 하지만 심유경은 그렇게 운이 좋지 못했다. 처벌이 두려워 얼마 후 일본으로 망명을 시도하기 위해 남쪽으로 내려오던 중 명나라 장수 양원에게 의령에서 붙잡혀 처형되고 말았다. 그동안 심유경을 후원했던 명나라 대신 석성도 강화협상이 실패하였다는 이유로 투옥되었고, 몇 년 뒤 감옥에서 생을 마감하였다.

그리하여 도요토미 히데요시는 심유경을 통해 조선의 두 왕자를 돌려보냈음에도 조선이 감사의 뜻을 표하지 않았다는 것과 조선이 일부러 명나라와 일본과의 강화협상을 방해했다는 이유를 들어 전쟁을 재개했다. 이것이 곧 정유재란이다.

▇ 02 모략과 모함으로 물러난 이순신

명나라와 일본과의 강화협상이 진행되는 동안 조선은 이 협상에서 철저히 소외된 채 무시당했다. 1596년 9월 거의 성사단계였던 강화협상이 심유경과 고니시 유키나가의 속임수로 판명되자, 도요토미 히데요시는 조선이 명나라와 일본 간의 강화를 방해했다는 구실을 들어 전쟁을 재개하였다. 그러나 침공을 재개한 일본으로서는 남해 제해권을 가지고 있는 이순신이 전쟁의 가장 큰 걸림돌이었다. 해전에서 연이어 패배한 일본군은 전라도로 진군할 수 없었고, 해상 보급로마저 막혀 큰 어려움을 겪었다. 해전에서 이순신을 이길 수 없다는 것을 깨달은 일본군은 해안가를 따라 웅포(부산 서부), 안골포(진해), 부산포, 서생 포(울산)에 성체를 짓고 그곳에서 틀어 박여있을 뿐이었다.

1593년 8월 15일 전라, 충청, 경상 3도 수군통제사가 된 이순신은 한산도로 본영을 옮겨 적의 서해 진출 길목인 견내량을 수비하고 있었다. 견내량 수비는 적의 진출을 막을 수 있는 최적의 장소지만, 적의 공격지점이었기 때문에 적에게 항상 노출된 지역이었다.

명나라와 일본과의 강화협상이 진행되면서 한산도에 진을 친 이순신의 수군과 일본군 사이에서도 전쟁이 소강상태에 접어들었다. 이순신은 이러한 상황에서도 쉬지 않고 조선 수군의 전투력 향상을 위한 훈련에 매진함과 동시에, 화약과 식량 등을 확보하고, 기존에 보유한 판옥선 숫자의 두 배에 달하는 180여 척까지 전력을 증강해 놓고 있었다.

조선 수군과 싸움에서 연전연패連戰連敗하자 일본 수군은 조선 수군만 나타나면 숨어 버리고, 피해버리는 전략을 취하자 이순신의 수군은 더 이상 이전과 같은 전공을 세울 수 없었다.

이순신은 원균과 처음에는 사이가 나빴던 것은 아니었으나, 원균이 전쟁 초기 스스로 판옥선 70여 척을 바다에 수장시킨 것을 못마땅하게 생각했다. 그러던 중 웅포 해전에서 이순신의 판옥선 2척이 암초에 걸려 좌초되면서 적의 공격을 받게 되었다. 이때 적들이 좌초된 판옥선을 향해 총탄을 퍼부으면서 공격하자 총탄을 피하고자 병사들이 한쪽으로 몰리면서 배가 뒤집혀 버렸는데, 인근에 있던 원균의 배가 이들을 못 본 체하자 이순신은 불만을 토로하면서 병력들이 피해를 당한 것은 원균 탓이라 말했다. 난중일기에는 다음과 같은 기록이 나온다.

'원균이 하는 말이 매우 흉악스럽고 속임이 있었다.' (7.21)
'일을 의논하는 가운데 원균이 하는 말은 앞뒤가 맞지 않았다.
가소롭기 짝이 없다.' (8.16)
'원균이 술을 마시자고 하여 조금 주었는데 잔뜩 취하여 흉측한
말을 마구 지껄였다. 매우 해괴하였다.' (8.26)

이순신은 원균이 전투에 제대로 나서지도 못하면서, 공을 탐내는 것을 미워하기 시작하였다. 이때 원균의 군관과 가덕첨사 전응린이 사후선(소형군선) 등 2척이 인근 섬을 들락거려 그 태도가 수상하여 그들을 묶어 원균에게 보냈다. 경상우수영의 사후선이 인근섬에 들락거리게 된 이유는 어부들의 머리를 베어 자신들의 전공을 부풀리게 하기 위함이 드러났다. 이 일로 원균은 크게 화를 내었다.

이순신과 원균과의 불화는 결국 조정까지 알려졌고 권율이 나서서 이들을 화해시키려 하였지만, 이들의 감정을 풀 수 없었다. 이순신이 원균에 진저리를 느껴 먼저 사임하겠다고 하자, 조정에서는 원균을 충청 병사로 임명해 이들을 떼어놓았다.

장기간 강화협상이 이루어지는 상태에서 전략 전술에 대한 이해가 부족했던 선조와 조정에서는 이순신에게 함대를 이끌고 적의 본영이 있는 부산포를 공격하라는 무리한 명령이 계속 하달하였다.

이에 이순신은 장계를 올려 적이 쌓아놓은 왜성에 틀어박혀 움직이지 않으므로 수군만으로 적을 무찌를 방법이 없고, 반드시 육지와 바

임진왜란과 병자호란

다에서 동시에 공격하여야만 적을 움직여 승리할 수 있다고 보고하였다. 하지만 선조와 조정에서는 조선 수군의 전력이 적을 압도하니 무조건 적의 본거지인 부산포를 공격하라고 명령하였다. 이에 이순신은 수군을 이끌고 부산포를 공격하였지만, 적의 대응이 없어 큰 성과를 내지 못하고 되돌아올 수밖에 없었다.

| 이순신 제거 계획과 백의종군

정유재란을 일으키기 전 이순신이 두려웠던 일본은 그를 제거할 계획을 세운다. 임진왜란 당시 일본군 제1선발이었던 고니시 유키나가와 제2선발 가토 기요마사는 앙숙 관계로 알려졌는데, 고니시 유키나가의 휘하참모였던 요시라가 부산에 남아 조선 측 협상 상대인 경상우병사 김응서에게 몇 월 며칟날에 가토 기요마사 군이 일본으로부터 조선으로 출병한다는 정보를 알려주었다.

조정은 이 정보가 사실이라고 판단하여 삼도 수군통제사에 명령을 내려 부산 앞바다로 나가 싸우라고 재촉하였지만, 이순신은 이 정보가 적군의 계책이라고 여겨 의심해서 부산포로 출정하지 않았다.

이순신과의 불화로 충청 병사로 전출된 원균은 한양의 대신들(이산해, 윤근수)에게 뇌물을 주면서 자신의 억울함을 알리고 있었다. 요시라가 조정에 알려준 정보를 조정에서 다시 이순신에게 알려 가토 기요마사 군의 출병을 바다에서 격퇴하라는 명령을 받았을 때, 가토 기요마사 군은 벌써 거제도에 도착한 뒤인 것을 이순신은 알고 있었으나, 조정은 이순신이 노골적으로 선조의 명령을 무시한 것으로 생각하였다. 이때 원균이 장계를 올려 이순신이 왜적과 싸우는 것을 일부러 피하고, 자신의 전공을 가로챘다는 것을 대신들에게 이렇게 하소연하였다.

"수군이 출동해서 부산 앞바다에서 위용을 과시한다면, 가토 기요마사가 수전에 약한지라 그냥 물러날 것입니다."

얼마 후 요시라는 가토가 조선에 벌써 상륙했다면서 어째서 부산포로 진격하지 않았냐고 하면서 몹시 안타까운 모습을 보이니, 조선 조정에서는 이 이야기를 듣고, 지난날 원균의 장계를 받은 선조와 비변사는 지금까지 원균의 공이 매우 컸으나 그동안 자신들이 이순신에 대해 잘못 생각한 것이라 여겨 선조는 1597년 2월 6일 이순신을 거짓 보고와 명령 불복종의 죄명을 씌워 한양으로 압송하고, 2월 26일 원균을 삼도 수군통제사에 임명하였다.

이순신은 판옥선 134척과 수군 1만7천여 명, 군량미 9,914석, 화약 4천 근, 여분의 총통 300자루 등을 후임자인 원균에게 남겨주고 한양으로 압송되었다.

「은봉진서」를 쓴 안방준의 숙부는 안중홍인데 그의 처가 원균 집안 출신이라 막 통제사가 된 원균이 안중홍의 집에 찾아왔을 때 안중홍이 원균이 통제사가 된 것을 축하하자 원균은 "나는 통제사가 된 것이 영광이라고 생각하지 않는다. 오직 이순신에게 복수해서 상쾌하다"라고 말했다. 이에 안중홍이 원균에게 "적을 무찔러서 이순신보다 더 큰 공을 세워야 진짜 치욕을 씻었다고 할 수 있지, 겨우 이순신의 자리를 차지했다고 치욕을 씻었다고 할 수 없다"라고 하자 원균은 "멀리서 싸울 때는 편전을 쓰고 가까이서 싸울 때는 칼과 몽둥이를 쓰면 된다"라고 동문서답東問西答하여 매우 실망하였다 한다.

이순신이 한양으로 압송되는 동안 선조는 신하로서 임금을 속인 자는 반드시 사형에 처해야 한다면서 대신들의 의견을 묻자 이산해와 윤두수는 찬성했고, 이순신의 든든한 후원자였던 류성룡 또한 처벌에 찬성하면서 이렇게 말했다.

"무장은 교만해지면 쓸모가 없습니다. 거제만에 들어가 지켰다면 적이 필시 두려워했을 것인데 오랫동안 한산도에 머물면서 별로 한 일이 없고 이번 출정에서도 나서지 않았으니 어찌 죄가 없다고 하겠습니까?"

하지만 도체찰사였던 이원익은 상소를 올려 '왜군이 가장 두려워하는 자는 이순신인데 그를 가둬서는 안 됩니다'라고 주장했고, 정탁 또한 상소문을 올려 적극적으로 이순신을 변호하자 선조는 이순신을 처형하려는 마음을 돌려 백의종군하라는 명령을 내렸다. 이순신은 윤근수가 주도하는 국문을 한차례 받았는데 고문을 동반한 심문이었기 때문에 거의 죽을 정도로 몸이 상했다고 한다.

선조로부터 백의종군하라는 명을 받은 지 10일째인 4월 11일(음) 이순신의 어머니가 그를 만나려고 한산도에서 무리하게 배를 타고 올라오다가 돌아가셨다는 소식을 듣게 되었다. 훗날 이순신은 어머니를 생각하면서 이러한 글을 남겼다.

'혼자 배 위에 앉아서 어머니에 대한 그리움에 눈물을 흘렸다.
이 세상에 나와 같은 외로운 사람이 또 어디 있으랴.'

원균은 한산도의 통제영에 부임하자마자 이순신이 시행하고 있던 여러 규정을 모두 변경했고, 이순신의 신임을 받고 있었던 부하 장수들을 모두 쫓아냈다. 이순신은 통제사 시절 한산도에 운주당運籌堂이라는 집을 짓고 부하 장수들과 전략과 전쟁에 대해 의논하면서, 계급에 상관없이 누구라도 자유롭게 자신의 의견을 말할 수 있었다고 한다. 그 덕분에 이순신은 군의 사정을 샅샅이 알 수 있었고, 이러한 지식은 이순신이 전투를 수행할 때 많은 도움이 되었다. 하지만 원균은 부임하자마자 자신의 애첩을 운주당運籌堂으로 불러들이고, 부하 장수들에게는 운주당 출입을 금해 버렸다.

임진왜란과 병자호란

03 칠천량 해전

　조선 조정과 원균이 이러고 있을 때 일본군은 왜 일본 수군이 조선 수군에게 패하는지 분석했고, 그를 토대로 새로운 전략을 세웠다. 일본군은 조선의 판옥선이 일본의 세키부네보다 월등히 크고, 강력하니 판옥선 한 척당 세키부네 4~5척이 빠르게 접근하여 판옥선이 화포를 장전할 시간을 주지 않고 백병전을 벌인다는 작전이었다.

　통제사가 된 원균은 과거 이순신이 조정에 장계를 올릴 때, 육지에서 동시에 공격해야만 왜성에 틀어박힌 왜군을 공격할 수 있다고 한 것과 같이, 원균도 육지에서 30만 명이 동원되어 동시에 공격을 시도할 때, 수군이 공격하면 전투 효과가 있을 것이라고 하였다. 과거 이순신이 통제사로 있을 때 내세웠던 이유를 들어 원균도 출정을 차일피일 미루고 있었다.

　하지만 선조는 원균에게 권율의 병력 5천 명을 지원하면서, 또 한

번 부산포로 진격할 것을 명하였고, 원균은 애초 이순신이 출정을 거부한다고 모함을 한 것도 자신이었기 때문에 더 출정을 거부할 수 있는 명분이 없어 1597년 6월 18일 판옥선 90여 척의 함대를 이끌고 출정하였다. 원균의 수군함대는 부산포로 이동 중 안골포에서 적선 두 척을 빼앗는 전공을 세우기도 하지만, 시마즈 요시히로의 수군을 만나 저항에 부딪혔고 보성군수 안홍국이 전사하면서 도중에 귀환하고 말았다. 조정에서는 원균이 부산포로 진격하지 못한 것을 질책하였고, 도원수 권율은 원균을 곤양으로 불러 곤장을 치기에 이른다. 「난중잡록」에는 당시 상황이 이렇게 기록되어 있다.

'권율은 원균이 직접 바닷가에 내려가지 않고 적을 두려워해 지체하였다 하여 전령을 발하여 곤양으로 불렀다. 권율이 곤양에 도착하자 원균이 명령을 받고 이르렀다.
권율이 곤장을 치면서 말하기를 "국가에서 너에게 높은 벼슬을 준 것이 어찌 한갓 편안히 부귀를 누리라 한 것이냐? 임금의 은혜를 저버렸으니 너의 죄는 용서받을 수 없는 것이다" 하고 곧 도로 보내었다. 이에 원균이 한산도에 이르러 유방하는 병사들을 있는 대로 거느리고 부산으로 향하였다.'

한산도로 돌아온 원균은 분한 마음에 한동안 술을 마셔댔고, 얼마 후 1597년 7월 5일 함대를 이끌고 부산으로 출정했다. 전라 우수사

임진왜란과 병자호란

이억기, 충청 수사 최호, 경상 우수사 배설 등 지휘관과 169척의 판옥선을 이끌고 출전 후 7월 7일 부산포 근처 다대포에 정박하였다. 7월 8일, 왜군과 첫 교전을 하여 빈 배 8척을 불사르는 전공을 세웠다. 7월 9일, 서생포(울산방면)에서 일본 수군이 공격하자 겁을 먹고 도망가다 판옥선 20여 척 가까이 잃는 패전을 하였다.

7월 14일에는 부산포 앞바다에서 무력시위 도중 일본 본토에서 오는 수송선단(일본 종군승 케이낸의 기록 「조선일기」에 기록됨)과 우연히 만나 수송 선단이 도망가자 원균은 전군에 돌격명령을 내렸다. 일본의 수송 선단과 조선 수군 판옥선 사이에 쫓고 쫓기는 상황이 이어졌다. 치열한 추격전이 전개되는 상황에서 그만 선두 판옥선 12척 배의 격군들의 체력이 고갈되어 퍼지기 시작하였고, 격군들이 더는 노를 저을 힘조차 없자, 12척의 배가 해류에 떠밀려 가는 대참사가 발생하였다. 5척은 도모포(부산포 근처)에, 7척은 서생포(울산)에 표류하였고 서생포에 표류한 판옥선의 인원들은 모두 전멸하였다. 무능한 지휘관이 국가와 아군에 얼마나 큰 치명적인 손실을 끼치는지 알려주는 대표적인 경우라고 할 수 있다.

원균은 남은 함선을 이끌고 가덕도에 도착했는데, 노를 젓느라 목이 말랐던 격군들이 갈증이 심하여 가덕도에 상륙하여 물을 마시고, 물을 길어 배로 옮기던 중 일본군이 기습하자 원균은 이들을 구원할 생각도 없이 놀라 달아나 버려 약 400명의 수군이 추가로 전사하였다.

이순신이 지휘하던 시기에는 상상도 하기 어려웠던 일들이 일어나면서 조선 수군은 점점 약해지기 시작하였다. 10일간 휴식 없이 계속된 출정으로 병사들이 완전히 탈진하였을 때 원균의 함대가 칠천량의 외줄포에 정박하였다.

아무 성과 없이 함선만 잃고 돌아온 원균에 대해 분노한 권율은 원균을 불러 곤장을 때렸고, 탈진한 병사들은 그날 밤 지휘부의 경계태세에 대한 아무런 지시사항을 듣지 못한 채 모두 다 곯아떨어져 버렸다. 외줄포는 수비가 취약했기 때문에 전라 우수사 이억기와 경상 우수사 배설은 정박지를 옮겨야 한다고 말했지만, 원균은 술만 마셔댈 뿐 아무런 지시도 하지 않았다.

이때 일본 수군은 조선 수군의 동태를 지켜보다가 기회를 놓치지 않고 칠천량으로 몰려갔다. 이순신에게 늘 패하기만 하였던 도도 다카도라와 와키자카 야스하루는 배를 총동원하여 칠천량으로 향했고, 고니시 유키나가 등의 일본육군도 칠천량 해협으로 갔다.

7월 15일 밤 10시, 조선 수군의 군량선에 불이 났다. 이는 일본 수군이 벌인 짓이었는데 조선 수군함대가 기습을 당해 배가 불탄 적은 이 날이 처음이었다. 지휘관인 원균이 만약 제정신이었다면 주위를 더욱 철저히 경계하라고 명령했을 테지만, 지휘관은 곤장을 맞고 술에 취한 상태에서 부하들에게 어떠한 명령이나 지시를 내리지 않았고, 결국 그 결과는 참담하였다. 이에 대한 「난중잡록」의 기록을 보자.

'밤중에 적이 가만히 비거도(작고 빠른 선) 10여 척으로 우리 전선 사이를 뚫어 형세를 정탐하고 또 병선 5~6척으로 우리 진을 둘러쌌는데, 우리 복병선 장수와 군사들은 모르고 있었다. 이날 이른 아침에 이미 복병선은 적에게 불태워 없어졌다. 균이 놀라 북을 치고 바라를 울리고 불화살을 쏘아 변을 알리는데 문득 각 배 옆에서 적의 배가 출동하여 총탄이 발사되니 군사들이 놀라서 실색하였다.'

사도첨사 김완이 기록한 「해소 실기」의 기록도 당시의 상황을 생생하게 증언하고 있다.

'7월 16일 5경에 적들이 구름처럼 몰려들어 포를 쏘아 한밤을 놀라게 했다. 우리 수군은 이미 어찌할 수 없이 매우 급하게 되어 배를 멈추니, 날랜 자들은 온천으로 나아가고 둔 한자는 미처 나가지 못해 적에게 포위되었다. (중략) 주장은 명령체계를 잃어 모든 배가 무너지니 반은 진해에서 패했고, 반은 거제도로 달아나게 되었다. 이때 나는 홀로 뒷배에서 호위하며 북을 치고, 나팔을 불고 깃발을 휘두르며 재촉하였다. 그러나 남도포 만호 강응표, 회령포 만호 민정봉, 조라포 만호 정공청, 해남대장, 강진대장 등은 이미 수사 원균을 따라 먼바다로 도망가버렸다. 나는 혼자 군관軍官, 사부射夫, 노자奴子와 함께 일제히 대포를 쏘면서 사

살하고 죽을 각오로 있는 힘을 다해 싸워 서로 간에 많이 죽었
으나 형세가 심히 허약하였다.

지치지 않고 깃발을 휘날리며 진격해 나아가니 주장이 사례하
며 말하기를 "영공이 분발하여 싸우는 힘이 심히 크다"라고 했
다. (중략) 주장이 말하기를 "이억기, 최호가 간 곳을 모르고 영
공만이 죽을힘을 다해 적을 사로잡고자 하니 죽은 뒤에야 그만
둘 것이냐"라고 말했다. 그 말을 듣고 돌아보니 적선 2척이 이미
50보 이내로 가깝게 다가오고 있었다. (중략) 나 역시 왼쪽 다리
에 탄환을 맞아 위태하고 두려운 시점이었다. "큰소리로 급히 주
장! 주장! 어찌 나와서 구해주지 않는 것이오!"라고 불렀다. 주장
원균은 술에 취해 높이 누워 호령만 하고, 다만 군관 김대복이
편전 10여 발을 쏘았을 뿐이었다.'

선전관 김식은 원균의 최후를 다음과 같이 보고하였다.

"적세가 하늘을 찌를 듯하여 마침내 우리나라 전선은 모두 불에 타
서 침몰 되었고 여러 장수와 군졸들도 불에 타거나 물에 빠져 모두 죽
었습니다. 신은 통제사 원균과 순천부사 우치적과 간신히 탈출하여
상륙했는데, 원균은 늙어서 행보하지 못하여 맨몸으로 칼을 잡고 소
나무 밑에 앉아있었습니다. 신이 달아나면서 일면 돌아보니 왜노 6~7
명이 이미 칼을 휘두르며 원균에게 달려들었는데, 그 뒤로 원균의 생
사를 자세히 알 수 없었습니다."

임진왜란과 병자호란

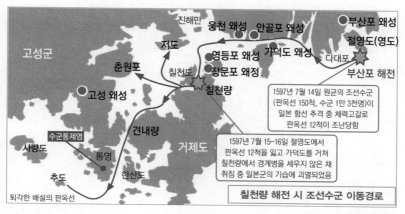

칠천량 해전

원균의 패전 소식을 들은 선조는 비변사 당상관들과의 회의에서 이렇게 말했다.

"한산을 고수하여 호표虎豹가 버티고 있는 듯한 형세를 만들었어야 했는데도 반드시 출병을 독촉하여 이와 같은 패배를 초래하게 하였으니 이는 사람의 일이 아니고 실로 하늘이 그렇게 만든 것이다."

'칠천량의 패전은 원균의 잘못이 아니라 그저 운이 없었을 뿐이다'라는 선조의 말은 만일 패전의 책임이 원균에게 있다고 한다면, 지금까지 잘 싸우던 이순신을 몰아내고 그 자리에 원균을 앉힌 선조 자신에게도 책임이 있으므로 선조는 원균에게 잘못이 없고 패전은 단지 운이 없었다고 말함으로써 자기에게도 책임이 없다고 은근슬쩍 변명하며 책임을 회피하는 것이었다.

애초에 괜히 출동하여 적의 함정에 들어가지 말고 한산을 지켜야 한다는 것이 바로 이순신의 주장이었다. 이런 주장을 한 이순신을 빨리 출동하지 않는다고 처형시키겠다며, 길길이 날뛰다가 결국 백의종군에 처하고 그 자리에 원균을 앉힌 책임자는 바로 선조 자신이었다.

| 이순신의 복귀 |

정유재란은 1597년 1월부터 일본군의 병력이 조선에 속속 집결하면서 시작되었다. 정유재란의 첫 회전인 칠천량 해전은 동년 7월에 있었다. 이 칠천량 해전의 패배로 정유재란의 전선이 하삼도 전역으로 본격적으로 확대되었고, 임진왜란 당시에는 실패했던 수륙병진 작전의 가능성이 열리면서 왜군이 한양을 노릴 수 있게 되었다. 그러므로 칠천량 해전은 정유재란 초반의 국면을 결정지은 전투였다.

칠천량 해전에서 조선 수군이 패했다는 참담한 소식을 접한 선조는 어쩔 수 없이 도원수 권율의 휘하에서 백의종군하고 있던 이순신을 기존 자리였던 전라 좌수사겸 삼도 수군통제사로 복직시켰다. 사실 선조는 칠천량 해전 이후 대책이 이순신뿐임을 알았지만, 이순신의 복직이 내키지 않았다. 칠천량 패전이 보고된 이후 조정에서는 삼도 수군통제사 재임명 문제로 떠들썩했지만 결국 유일한 적임자는 이순신이었다. 하지만 선조는 이순신이 이름이 언급되자 대답 없이 그 자리를 나가 버렸고, 결국 남아 있던 대신들이 복직을 결정했다. 나라가 결딴날 상황에서도 선조는 이순신을 경계하고 질투하기를 끝내 버리지 못했다.

이순신이 칠천량 패전의 소식을 들었을 때 그는 통곡을 이기지 못했다. 그날 일기에는 이렇게 적혀 있었다.

'7월 18일 정미, 맑다. 새벽에 이덕필과 변홍달이 와서 전하길 "16일 새벽에 수군이 대패했습니다. 통제사 원균과 전라 우수사 이억기와 충청 수사 최호와 뭇 장수들이 다수 살해당했습니다"라고 하였다. 통곡을 이기지 못했다. 잠시 있으니 도원수가 와서 이르길 "사태가 이에 다다랐으니, 어찌할 수가 없소이다"라고 하였는데, 대화가 사시巳時에 이르러도 대책을 정할 수가 없었다. 내가 아뢰어 "제가 해안으로 가서 보고 듣고서 정하겠다"고 하니 도원수가 기뻐하였다. 내가 송대립, 유황, 윤선각, 방응원, 현응진, 임영립, 이원룡, 이희남, 홍우공과 함께 길을 떠나 삼가현(합천군 삼가면)에 다다르니, 수령이 새로 부임하여 나아와 기다렸다. 한치겸도 왔다.'

그런데 일본군은 뜻밖의 대승을 거둔 탓에 곧바로 호남과 서해로 진출하지 않고 7월 말까지 주변 지역을 소탕하고 약탈만 일삼았다. 8월에는 이마저도 중단하여 이순신이 조선 수군의 패배를 수습하고 전력을 재편할 수 있는 시간을 가진 것은 조선으로서는 천운이었다. 일본군은 애초에 이런 대승을 염두에 두지 않았기 때문에 서해로 보급 선단을 진출시킬 준비를 하지 못했기 때문에 벌어진 상황이었다. 일본 측 기록인 「조선일 일기」를 보면 칠천량 해전의 패전이 조선 수군에게 는 얼마나 절망스러웠는지 알 수 있다.

> '들도 산도 섬도 죄다 불태우고 사람을 쳐죽인다. 산 사람은 철 삿줄과 대나무 통으로 목을 묶어서 끌고 간다. 조선 아이들은 잡아 묶고 그 부모는 쳐 죽여 갈라놓는다. 마치 지옥의 귀신이 공격해 온 것과 같았다.'

상황이 이렇게 되자, 결국 현실을 깨달은 선조는 이순신을 삼도 수군통제사에 재임명하면서 교서를 내려 이렇게 말했다.

"지난번에 그대의 직책을 교체시키고 죄인으로서 백의종군하게 했던 것은 역시 사람의 지모가 밝지 못한 데서 생긴 일이오. 그래서 오늘 이같이 패전의 욕됨을 당한 것이니 내가 더 이상 무슨 말을 하리요, 무슨 말을 하리요."

그 와중에 이순신에게 내린 품계는 원래보다 훨씬 낮은 종3품인 절충장군의 직책을 주어 임명하였다. 종3품 절충장군은 다른 수군절도사들과 같은 품계로서 지휘권에 문제가 있을 소지가 많았지만 칠천량 해전 이후 임명된 수사들이 이전 이순신의 부장들(권준, 무의공 이순신, 안위)이었기 때문에 이순신의 지휘권은 유지되었다.

이후 이순신의 품계는 명량해전을 치른 후 명나라 제독 양호와 마귀 등이 선조에게 이순신의 품계에 대해 다그치자 마지못해 올려주었고, 원래의 정2품 수군통제사가 아닌 종2품 가선대부로 해주었다.

■04 일본군의 전라도 진격

1597년 7월 16일 칠천량 해전의 승리로 일본군은 수륙병진 작전으로 조선을 공격할 수 있는 여건을 갖추게 되었으며, 이는 조선에게는 전선이 전역으로 확대되는 최악의 상황이 되었다. 1차 전쟁이었던 임진왜란보다 백성들에게는 훨씬 더 참혹했던 정유재란이 시작된 것이었다.

조선 침공의 가장 걸림돌이었던 조선 수군이 사라지자 일본군은 가토 기요마사와 구로다 나가마사가 지휘하는 (제1군) 우군과 고니시 유키나가와 시마즈 요시히로가 지휘하는 (제2군) 좌군으로 나누어 전라도로 진격하였다.

침략에 앞서 도요토미 히데요시는 일본장수들에 전령을 보내 조선의 남녀 모두 남김없이 죽이고 그 증거로 죽인 사람의 귀를 베어 오라는 끔찍한 명령을 내렸다. 지난번 전라도를 진격하다가 제지당한 것을

임진왜란과 병자호란

분풀이하고 공포심을 통해 조선의 항복을 유도한다는 생각이었는데 이로 인한 조선 백성의 고통은 엄청났다. 더 많은 귀를 벨수록 포상도 커졌기 때문에 일본 군인들은 경쟁적으로 귀를 베기 시작했고, 조선 백성들의 양쪽 귀를 베어 공적이 부풀려지자 도요토미 히데요시는 조선 백성들의 귀를 베는 대신 코를 베어 오라고 명령을 바꿔 보냈다.

더 많은 코를 벨수록 포상도 더 커졌기 때문에 일본군들은 경쟁적으로 사람들을 죽여 코를 베어 갔다. 일본군을 만난 조선 백성들은 코를 내어 줄 테니 제발 목숨만 살려달라고 애원하였다. 그리하여 가장 피해가 컸던 전라도 지역(정유재란 발발 시 일본군이 전라도 지역부터 공격을 시작하였기 때문)에서는 전쟁이 끝나고 나서도 코 없는 사람들이 많았다고 한다. 일본 교토에서는 그때 벤 사람들의 코를 묻은 코 무덤이 있는데 대략 조선인 12만6천 명의 코가 묻혀있다.

일본 교토에 있는 코 무덤

가토 기요마사가 이끄는 우군은 서생포(울산)에서 출발하여 전라도에서 좌군과 합류할 계획이었는데 이들의 이동로에는 의병장 곽재우가 지키고 있던 화왕산(창녕)이 있었다. 곽재우는 두려워하는 병사들에게 자신감을 심어주면서 이렇게 말하였다.

"적군에게 아무리 계략이 있다 해도 전투 한번 해보지 않으면 용사가 아니다. 남들은 후퇴한다 해도 나는 실컷 싸우고 의롭게 죽어서 충성을 드러내어 후세에 명예를 남길 것이다."

조선군의 기세가 만만치 않다는 것을 확인한 가토 기요마사의 일본군은 이곳을 무리하게 함락시키려 하면 일본군의 피해 또한 클 것으로 판단하여 공격하는 것을 포기하였다. 화왕산성(창녕)을 그대로 지나친 일본군은 얼마 후 곽준(안의 현감)과 백사림(김해부사)이 지키고 있던 황석산성(함양)에 도착하였다.

당시 도체찰사 이원익은 황석산성이 호남과 영남의 길목에 있으므로 일본군이 반드시 차지하려는 곳이라 여기고, 주위의 군사들을 예속시켜 적군의 공격으로부터 성을 지킬 계책을 세우는 등 전력을 다하였다. 적들은 성을 포위하고 일제히 공격을 가하였다. 이에 성안의 곽준. 조종도(함양군수)를 비롯한 장수들과 백성들이 활을 쏘고 돌을 던지며 적의 접근을 막았다. 그러나 중과부적衆寡不敵으로 도저히 적을 감당하기 어려웠고, 이러할 때 백사림이 가족을 성 밖으로 피신시킨 뒤 성문을 열고 도망하였다. 그러나 곽준은 아들 이상·이후와 함께 끝까지 적을 맞아 싸우다 전사하였다. 일본군은 고전 끝에 성을 함락

임진왜란과 병자호란

시키자 성안을 수색하여 닥치는 대로 사람들을 죽였다.

뒤이어 일본군은 육십령六十嶺을 넘어 진안 현을 거쳐 전주로 빠져 좌군과 합친 뒤 전주성을 파괴하기에 이른다. 이때가 1597년 8월 17일이었다. 비슷한 시기 고니시 유키나가와 시마즈 요시히로가 이끄는 약 5만의 좌군 병력이 남원성을 공격하고 있었다. 남원은 전라도로 들어서는 그곳에 있었기 때문에, 일본군이 전라도를 공격하기 위해서는 꼭 함락해야만 하는 요충지였다.

남원성의 중요성을 파악하고 있었던 명明 장수 부총관 양원은 몇 개월 전부터 3천 명의 병사를 이끌고 남원성에 주둔하면서 성곽주위에 해자를 파고, 담장을 쌓아 수비를 강화하고 있었다. 조선군은 전라 병사 이복남과 남원 부사 임현 등이 함께 지키고 있었는데 광양 현감 이춘원, 조방장 김경로 등이 후원하러 오고 명나라 유격장 진우충과 전라 부윤 박경신은 2천 명의 군사를 이끌고 전주성에 주둔했다.

8월 12일 일본군은 정찰대를 파견하여 남원성의 방어태세를 확인 후, 13일 일본군이 성 외곽을 포위하고 소수병력을 동원해 조총 사격을 가해왔다. 이에 조명연합군은 각종 무기를 동원하여 이를 격퇴하였다.

8월 14일 일본군은 공성기를 제작하고 참호를 메꾸는 등 본격적인 전투준비를 시작했다. 일본군의 총공세가 임박해지자 명나라 총관 양원은 전주성의 진우충에게 두 차례나 구원을 요청했으나 진우충은 전주성 방어를 핑계로 구원군을 보내지 않았다. 조명연합군은 외부로부터 지원을 받지 못한 채 일본군에게 포위되었다.

8월 15일 일본군은 대공세를 펼쳐 왔으며, 조명연합군은 필사적인 저항을 하였으나 밤에 일본군은 명나라군이 지키고 있던 서문과 남문을 돌파하여 성안으로 들어오고, 이어 동문을 점령하고 북문을 지키고 있던 조선군을 포위하였다. 결국, 북문을 지키던 전라 병사 이복남과 방어사 오응정, 조방장 김경로 등이 화약고에 불을 질러 자폭하였고, 명나라 총병 양원楊元만이 50기의 부하를 데리고 탈출하였다.

결국, 조명연합군 4천 명과 7천 명의 남원성 군민들이 모두 전사하거나 일본군에게 살해당하면서 남원성 전투가 끝이 났다. 8월 19일 남원성에 이어 전주성마저 함락한 일본군은 거침없이 전라도로 밀려들어왔고, 한양에서는 다시 한 번 몽진을 논의하고 있었다.

05 명량해전

  삼도수군통제사에 복권된 이순신은 조정으로부터 아무런 지원도 없이 궤멸한 수군을 재건하는 일을 최우선으로 하였다. 이순신은 전라도 각지를 돌면서 뿔뿔이 흩어졌던 수군을 수습하였고, 이때 많은 피란민이 자진해서 이순신 밑으로 들어왔다. 이어서 이억기의 후임으로 임명된 전라 우수사 김억추가 판옥선 1척과 함께 이순신과 합류하였고, 칠천량에서 자신의 배를 이끌고 퇴각하였던 경상 우수사 배설이 판옥선 12척과 함께 합류하였다. 이로써 조선 수군은 미약하나마 수군의 모양새를 조금 갖출 수 있었다.

  이 무렵 조정에서는 바다에서 싸우는 것은 희망이 없으니 배를 버리고 권율의 육군과 합치라는 명령을 내려보냈다. 바다를 포기하고 육지에서 적을 맞아 싸우라는 의미였다. 하지만 이순신은 장계를 올려 이렇게 말했다.

"지금 신에게는 아직도 전선 12척이 남아 있나이다. 죽을힘을 다하여 막아 싸운다면 능히 대적할 수 있사옵니다. 지금 만약 수군을 모두 폐한다면 적군이 다행으로 여기는 바로써, 그로 말미암아 충청도를 거쳐 한양에 다다를 것이니, 소신이 두려워하는 바입니다. 비록 전선의 수는 적지만 신이 죽지 않은 한 적은 감히 우리를 업신여기지 못할 것입니다."

이순신은 한 달 동안 전라도 전 지역을 돌아다니면서 병사들을 모집했고, 군량미와 무기를 마련했다. 같은 시기 전라도 내륙지역에 일본군이 진격하고 있었기 때문에 언제라도 따라잡힐 수 있는 위험한 상황이었다. 이순신의 피나는 노력으로 가까스로 구색을 갖출 수 있었던 조선 수군은 회령포(장흥)에 자리를 잡았다. 그러나 이순신은 회령포가 적을 맞아 싸우기에 부적절하다고 판단하여 여러 지역을 물색하던 중 진도 벽파진(진도)으로 진을 옮겼다.

9월 2일(음) 이순신과 합류한 이후 줄곧 이상행동을 하였던 배설이 도망쳐버렸다. 배설은 나름대로 능력 있는 장수였지만 탈영으로 그동안 그가 이뤘던 공적이 사라지는 불운한 장수였다. 배설의 탈영을 보면서 전쟁의 공포심은 계급의 높고 낮은 데 있지 않다는 것을 짐작할 수 있다. 탈영한 배설은 전쟁이 끝난 후 권율에게 체포되어 죽임을 당했다.

한편 이순신이 수군을 재건하고 있다는 것을 눈치챈 일본 수군은 대함대를 모아 어란진(해남)에 모여들고 있었다. 이순신은 1597년 9월에 일본함대가 어란포에 들어온다는 보고를 받고 9월 15일(음)에 벽파진(진도)에서 해남의 우수영으로 진을 옮겼다.

이때 어란포의 일본 수군은 구루시마 미치후사와 도도 다카토라, 와키자카 야스하루, 가토 요시아키, 구키 요시타카가 지휘하는 200척의 대함대를 보유하고 있었다. 이들은 목포 쪽으로 흐르는 북서류를 타고 명량해협을 통과하여 전라도로 서진하여 일본육군과 합류할 계획이었다.

명량해협은 진도와 화원반도 사이에 있는 좁은 수로로 조류는 당시 조선의 수로 중에서 가장 빠른 곳이고 전 세계에서도 5번째로 빠른 곳이다. 빠른 수로를 이용하여 조선 수군을 격파한 후 일본육군과 합류하여 한양으로 진격하려는 것이었다.

일본 수군은 1592년 임진년의 전훈을 참조하여 내륙으로 깊숙이 진격하기 전에 반드시 서해의 해상권과 전라도를 장악하고자 하였다. 이순신이 복귀했다는 것은 알고 있었지만, 미약한 전선 13척으로 자신들의 수군과 대적한다는 것은 무리라는 것이 일본 수군의 판단이었다.

이순신과의 전투에서 이미 패배를 맛본 도도 다카토라도 예외는 아니었다. 칠천량 해전의 승리가 일본 수군의 사기를 드높여 준 탓이었다. 일본 수군은 압도적인 전력으로 이순신의 수군을 격파하여 그동안 이순신에 당했던 설움을 한꺼번에 씻고자 했다.

한편 이순신도 일본 수군의 기동 보고를 받고 명량해전 전날 9월 15일(음) 장병들에게 "병법에 이르기를 '반드시 죽고자 하면 살고, 반드시 살고자 하면 죽는다必死卽生 必生卽死'라고 하였고, 또 '한사람이 길목을 지키면 천명도 두렵게 할 수 있다—夫當選 足懼千夫'고 했는데, 이는 오늘의 우리를 두고 이른 말이다. 너희 여러 장수가 조금이라도 명령을 어기는 일이 있다면 즉시 군율을 적용하여 조금도 용서치 않을 것이다"라고 거듭 말하며, 장병들과 죽기를 각오하고 싸울 것을 결의하였다.

울돌목(명량해협)은 수심이 얕아서 배가 항해할 수 있는 범위는 좁고, 그중에서도 밀물 때 넓은 남해의 바닷물이 좁은 울돌목으로 한꺼번에 밀려와서 서해로 빠져나가면서 해안의 양쪽 바닷가와 급경사를 이뤄 물이 쏟아지듯 빠른 조류가 흘렀다. 또 다른 특징은 수십 개의 크고 작은 암초가 솟아 있다는 점이다. 급조류로 흐르던 물살이 암초에 부딪혀 방향을 잡지 못하고 소용돌이치게 되는 것이다.

일본 수군 지휘부는 순류에 맞춰 울돌목을 단숨에 넘어가 고니시 유키나가의 육군을 지원하기로 하였다. 특히 구루시마 수군은 원래 해적 출신으로 이같이 물살이 빠른 지역을 근거로 했던바, 빠른 물살에 익숙한 이들은 명량해협에서 이순신이 막는다고 하더라도 무리 없이 전개할 수 있으리라 자신했다.

이순신은 일본군이 조선 수군을 얕보는 것을 이용하여 그들을 유인하고자 하였다. 9월 7일 조선 수군은 벽파진 근처에서 일본 수군의 소함대를 격퇴했다. 이에 일본 수군은 조선 수군의 배가 13척뿐임을 알고 이순신과 조선 수군을 완전히 제거하기로 결심했다.

명량대첩 해전도

벽파진에서 우수영으로 본진을 옮긴 이튿날 9월 16일(음) 새벽 3~4시경 어란진에서 출병한 일본 수군 130여 척이 7~8시경 순조順潮를 타고 울돌목으로 접근해왔다. 일본 수군 지휘부는 세키부네 130여 척으로 진용을 짜고 10여 척씩 대열을 맞추며 통과하고 있었다. 이때 조류는 서쪽으로 즉, 일본 수군의 진격 방향이 조류 흐름과 일치하는 순방향이었다.

이순신은 보고를 받고 즉시 닻을 올리고 울돌목으로 향했다. 이미 적선 선봉대열이 시야에 들어왔다. 이순신의 대장선이 즉각적으로 포격을 퍼부으니 적선 3~4척이 피해를 보고 서서히 격침되기 시작하였다. 그러나 압도적인 적의 기세에 밀려 조선 수군은 겁을 먹고 뒤로 물러서기 시작하였다. 이순신이 뭇 장선将船들을 돌아보니, 물러나 먼 바다에서 관망하며 나아가지 않고 배를 돌리려 하고 있었다.

그러나 이순신의 대장선은 계속 자리를 고수하며 부하들을 독려하며 약 40분가량을 버티고 있었다. 적의 진격이 소강상태가 되자 초요기招搖旗를 올려 뒤로 물러나 있던 중군장 미조항 첨사 김응함과 거제현령 안위를 진격해오도록 한 뒤, 그들을 매우 다그쳤다. 이순신은 안위를 향해 "안위야 네가 군법에 죽고 싶으냐? 도망간다고 살 수 있을 것 같으냐?"라고 외쳤고, 김응함에게는 "네가 어찌 죄를 면하겠느냐?. 당장 처형할 것이지만 적의 기세가 급하니, 우선 공을 세우게 해주겠다"라고 호통을 쳤다. 이에 두 사람의 배가 적진으로 공격을 시작하고 안위의 군선으로 일본 수군의 공격도 집중되었다.

이때 이순신의 대포와 화공에 맞아 안위의 배를 둘러쌌던 적장선을 포함한 3척의 적선이 녹도만호 송여종과 평산포 대장 정응두의 포격으로 바다에 빠졌는데 대장선에서 이 광경을 보고 있었던 항왜 준사俊沙가 '저기 그림 무늬 붉은 비단옷을 입은 자가 바로 적장 구루시마다'라고 이순신에게 보고하였다.

이순신은 물긷는 병사 김돌손을 시켜 즉시 구루시마를 끌어올리게 했다. 갈고랑쇠에 낚여 배 위로 끌려 올라온 적장 '구루시마 미치후사'는 곧바로 머리가 잘려 내걸리니 조선 수군의 사기는 급격히 올라갔다. 반면 지휘관이 참수되어 걸려있는 것을 본 일본 수군의 사기는 떨어져 버렸다.

시간이 흘러 정오 즈음이 되자 점차 조류의 방향이 바뀌기 시작하였다. 이번에는 조류의 방향이 조선 수군에는 순조_{順潮}가 되고 일본 수군에는 역조_{逆潮}가 되어, 일본 수군에 대단히 불리한 상황이 조성되었다. 역류가 흐르는 상황에서 군선이 첨저선이었던 일본 수군은 배가 선회하려면 많은 공간이 필요했다. 그러나 좁은 해협에 많은 수의 전선을 끌고 왔던 일본 수군에게 급한 역류가 흐르는 상황에서 배를 운신하며 전열을 정비한다는 것은 매우 어려웠다.

전투 초반 두려움으로 멀찍이 떨어진 후방에서 전투에 참전하지 않고 관망만 하던 전라 우수사 김억추의 배까지 합세하였다. 10여 척의 전선이 모두 모인 조선 수군은 당파(충격돌진)를 거듭했고, 일본 수군은 조류의 역조_{逆潮}와 조선 수군의 당파로 인해 전혀 반격할 수 없었으며, 또한 군선이 많은 그것이 오히려 독이 되어 군선끼리 서로 부딪치기 시작하였다.

이러한 혼란 속에 군감 모리 다카마사는 바다에 빠졌다가 구조되었고 도도 다카토라는 부상을 당했다. 결국, 130여 척의 대함대를 10여 척의 함대가 추격하는 형세가 되었다. 일본 수군은 유시(오후 5~7시) 무렵, 물살이 느려지고 바람이 일본 수군 쪽으로 부는 것을 이용하여 퇴각하고 말았다. 이로써 전투는 끝이 났다.

전투에 참여한 일본 수군의 전선 130여 척 중 30여 척이 격침되었고, 약 3,000여 명의 적군이 죽었거나 수장되었다. 이에 반해 조선 수군의 피해는 수군 10여 명이 전사하였고, 판옥선의 피해는 없었다. 훗날 명량해전이라 붙여진 이 전투는 세계 해전사상 유래를 찾아볼 수 없는 엄청난 승리였고, 이순신 본인도 난중일기에서 하늘이 도운 승리라 하였다.

'적선 30척을 깨부수자 적선들이 물러나 도망치니, 다시는 아군에게 접근하지 못했다. 이는 실로 천행이었다 此實天幸'

| 명량해전의 승리요인과 전쟁의 양상

울돌목(명량)에서 전투에서 승리요인은

첫째, 울돌목의 지형과 시간에 따른 조류의 변화를 이용하여 싸웠기 때문이다.

둘째, 수군과 관민이 합동 단결하여 싸웠기 때문이다.

셋째, 무엇보다 지휘관인 이순신의 탁월한 전술과 용기 덕분이었다.

명량해전은 유능한 지휘관이 전쟁의 승패를 결정한다는 것을 보여주는 대표적인 사례다. 조선 수군에게 함포전은 백병전 중심의 일본

수군을 상대로 효과적이라 할 수 있
으며, 다양한 종류와 구경의 화포를
사용하였다. 조선군은 신기전, 비격진
천뢰, 대장군전 등의 신무기를 사용
하였다. 일본 수군 역시 함포를 사용

신기전

하였으나 조선 수군보다 사용이 서툴렀다. 그 이유는 적선 세키부네가
첨조선인데다 폭이 좁고, 판옥선만큼 튼튼하지 못해 끈으로 포를 묶고
사격해야 했으므로 발사시간이 조선 수군보다 훨씬 길고 명중률도 현
저히 떨어졌다. 일본 수군의 전선은 뱃머리가 뾰족한 첨저선으로 아타
케부네(안택선)와 그보다 작은 세키부네가 있다. 둘 다 첨저선으로 가
볍고 빠른 특징이 있지만, 삼나무로 만들어서 부서지기 쉽고, 밑바닥
이 뾰족하여 제자리에서 배를 회전하기 어려운 단점이 있었다. 또 배
가 가벼워 노를 한 명이 저을 수 있는 반면 배를 만들 때 쇠못을 사용
하였는데 쇠못은 바닷물에 녹이 슬어 전선의 결합 부위가 약해지는 결
과를 가져왔다.

반면 조선의 판옥선은 바닥이 평평하고 뱃머리가 뭉툭하며, 크기는
안택선보다 조금 크다. 평저선은 첨조선보다 배가 물에 잠기는 지점인
흘수선이 낮으며, 물에 깊게 잠기지 않으므로 전선을 회전시키는 선회
기동에서 물속의 저항을 덜 받아 제자리에서도 선회할 수 있다. (첨조
선은 불가능하다.) 평저선은 첨조선인 세키부네보다 빠르지는 못했지
만, 암초가 많고 조수간만의 차이가 심한 우리나라 바다에서 사용이

적합했다. 갑작스레 썰물이 되어도 판옥선이 뒤집힐 위험이 없었다. 또한, 물과 닿는 면적이 넓어 화포를 발사할 때의 반동 흡수가 용이하였다.

판옥선에서 사용하는 나무못은 물을 먹으면서 팽창하여 결합 부위를 더욱 견고하게 했으며, 판자로는 소나무를 사용하였다. 소나무 판자는 일본 수군의 삼나무나 전나무 판자보다 단단하다.

판옥선의 판옥 구조는 높이가 높아서 화포의 사거리를 늘리고, 격군과 사부를 튼튼한 판옥으로 보호하여 전투에 안정적으로 임하도록 하였다. 내부가 넓어 노 한 자루당 격군 4~5명이 한 조가 되어 노를 저었으며 작은 노를 젓는 일본 수군보다 효율적이다. 판옥선의 돛은 역풍에도 사용할 수 있는 세로돛을 사용했으며 일본 수군은 역풍에 무용지물인 가로돛을 사용했다.

명량해전은 조선이 정유재란을 승리로 이끄는 결정적 전투가 되었다. 당시 일본육군은 남원성 전투(8.15), 전주성 전투(8.19)에서 조명연합군을 대파하고 남원과 전주를 함락시킨 이후 충청도 직산(천안)까지 진격하여 명나라와 대치 중인 상황이었다.

일본육군과 수군은 수륙병진을 통한 한양 공격을 목전에 두고 있었으나, 명량해전으로 인해 일본군의 수륙병진 작전이 모조리 무산되었으며, 이후 일본군은 남해안 일대에 분산되어 왜성을 쌓고 농성 전에 들어가게 되었다. 이후 전쟁 진행 과정은 일본군을 조명연합군이 수륙 양면에서 협공하는 공성전으로 바뀌게 되었다.

06 수군 재건과 서생포 전투

명량해전의 패배로 이순신에게 막힌 일본 수군은 서해로 진입할 수 없었고, 조선은 수군을 재건할 발판을 마련할 수 있었다. 그러나 선조는 이순신의 공을 애써 깎아내리면서 포상으로 은 20냥을 보냈다. 선조가 이순신에게 숭품崇品, 즉 종1품에 올리려 하자 대신들이 지금의 품계도 높다고 반대하자 곧 품계를 높이는 것을 그만두었다.

명량대첩의 승리를 축하하기 위해 명나라 경리(총관) 양호는 선물로 백금과 붉은 비단을 보냈는데 이때 선조는 "이순신이 마땅히 할 일을 한 것뿐인데 그런 선물을 보내니 민망하다"고 말했다.

명량에서 승리한 이순신은 적이 다시 공격해올 것을 걱정해 당사도(신안군 암태면)로 물러났고, 위도를 거쳐 9월 21일에는 고군산도(군산)까지 올라갔다.

하지만 이순신의 함대는 아직도 부족한 것이 대부분이었다. 그리하여 부족한 군량미와 재정을 확보하기 위해 종사관 이의온(이언적의 손자)의 제안을 받아들여 해상통행첩을 발급하였다. 당시 서해는 어선과 적 탐지선의 내왕이 빈번하여 조선 수군 입장에서는 확실한 신원 파악이 필요하였고, 조선 백성들에게는 이순신의 수군이 확실한 자기들의 안전을 지켜주는 방패 역할을 했기 때문에 통행첩을 발행한 지 열흘 만에 쌀 1만 석을 확보하였다.

칠천량에서 뿔뿔이 흩어졌던 장수들이 함선을 이끌고 이순신의 수군과 합류하였고, 통행첩으로 확보한 자금으로 배를 건조하면서 조선 수군은 이전의 군세를 어느 정도 회복하였다.

1597년 10월 14일 이순신은 새벽에 꿈을 꿨는데 이순신의 막내아들 면이 나타나 그를 끌어안는 꿈이었다. 그리고 그날 저녁 이순신은 막내아들 면이 죽었다는 편지를 받았다. 일본군이 명량해전에서 패배를 복수하기 위해 이순신의 고향 아산을 공격했기 때문이었다. 이순신은 아들 잃은 슬픔을 이렇게 기록했다.

'내가 대신 죽는 것이 이치에 마땅한데 아들이 죽고 내가 살았으니 어쩌다 이처럼 이치에 어긋나는가? 천지가 깜깜하고 해조차도 빛이 변했구나. 내가 진 죄 때문에 화가 너에게 미친 것이냐 마음은 죽고 껍데기만 남은 채 울부짖을 따름이다.'

8월 19일 전주성에 무혈입성하면서 전라도를 장악한 일본군은 북진을 계획하고 있었다. 그리고 4일 후 가토 기요마사와 구로다 나가마사가 지휘하는 약 4만의 일본군이 한양을 향해 북진을 시작했다.

명나라 총사령관 양호는 부총병 해생에게 기병 2천을 주어 남쪽으로 내려보냈는데, 명나라군은 직산(천안)에서 구로다 나가마사가 지휘하는 5천의 선봉대와 조우하였다. 일본군의 선제공격을 받은 해생은 일본군의 수적 우위와 조총의 위력 앞에 후퇴하고 말았다. 그러던 중 추가로 증원된 2천의 기병이 합세하여, 전력을 정비한 후 구로다군을 공격하기 시작했다. 두 나라 군대는 쌍방 간에 치열한 전투 하였으나 어느 쪽도 확실한 승기를 잡지 못하자 많은 사상자만 내고 본진이 있는 지역으로 물러났다.

그러나 일본군의 진격을 막아냈다는 의미에서는 명나라군이 승리했다고 볼 수 있는 전투였다. 그렇다고 구로다의 선봉대가 진격을 포기할 만큼 큰 타격을 입은 것도 아니기에 일본군은 또 한 번 북진을 준비하고 있었다. 그때 일본 수군이 명량에서 패했다는 소식이 들려오자 보급 문제를 걱정한 일본군은 남쪽으로 퇴각을 결정했다. 이리하여 조선은 또다시 큰 위기를 넘길 수 있었다.

얼마 후 명나라에서 보낸 지원군이 도착하였다. 이 중에는 명나라 수군 도독 진린도 있었다.

류성룡은 진린에 대해 이렇게 기록했다.

'진린은 성격이 포악하고 모두 그를 두려워하였다. 내가 진린의 병사들을 보니 수령들을 거리낌 없이 때리고 욕보였으며, 찰방(역참을 관장하는 종6품이 관직) 이상규의 목에 밧줄을 매어서 끌고 다니니 피가 얼굴 가득 흘렀다. 통역관을 시켜 이상규를 풀어주라고 타일렀지만 듣지 않았다.

내가 대신들에게 "진린이 이순신과 같은 부대에 있게 되면 사사건건事事件件 그의 발목을 잡고 충돌하여 반드시 이순신의 장수 권한을 빼앗고 우리 병사들을 멋대로 괴롭힐 터인데 우리 군대가 어찌 패하지 않을 수 있겠습니까"라고 말하자 모두 내 말이 옳다고 하고는 한탄만 할 뿐이었다.'

강직한 이순신이 진린의 심기를 건드릴 거라 생각했던 것이었다. 하지만 이순신은 대신들이 걱정했던 것만큼 융통성 없는 인물은 아니었다. 진린이 배를 타고 도착하자 이순신은 미리 사냥해서 잡은 짐승의 고기와 해산물로 성대한 술잔치를 베풀었다. 이순신의 환대를 받은 진린과 그의 부하들은 실컷 먹고 취한 후 이순신이 과연 좋은 장수라며 칭찬하였다.

이후에 이순신은 절이도(거금도)에 침범한 적의 배를 공격해 적의 머리 40두를 벴는데 이를 모두 진린에게 양보해서 그의 공으로 삼도록 했다. 크게 감동한 진린은 이순신을 신뢰하게 되었고 어떤 일이 있을 때마다 이순신과 상의해 결정했다고 한다.

임진왜란과 병자호란

이순신은 진린에게 조선의 군대와 명나라군대의 구분을 없애자고 제안했고, 진린이 이에 동의하자, 명나라 군사라 하더라도 잘못을 저지르거나 백성을 괴롭혔다면 잡아와 곤장을 때렸다. 이렇게 이순신이 조선군과 명나라군의 구분 없이 엄격하게 군율을 세우자 군 전체에 기강이 잡혔다. 진린은 이순신에게 천하를 운영할 만한 재주와 국난을 극복할 만한 공이 있다고 평하였다.

한편 일본군은 명량에서의 패배로 북진을 포기하고 자신들이 쌓아놓은 남쪽의 왜성으로 퇴각해 버렸다. 그러나 이때까지 일본군이 전쟁을 유리하게 이끌어왔기 때문에 갑자기 퇴각을 왜 결정했는지 많은 논란이 있다. 그것은 먼저 명량해전과 직산(천안) 전투에서 일본군이 입은 피해가 그렇게 크지 않아서 이 두 전투에서의 패배가 일본군에 결정타가 되었다고 하기에는 무리가 있다. 그러므로 외부 요인보다는 도요토미 히데요시에 대한 충성도 하락이나, 히데요시의 건강상태, 일본군 장수들 사이의 불화가 퇴각을 결정했을 수도 있다. 하지만 일본군이 완전히 퇴각한 것도 아니어서, 견고히 쌓은 왜성 안에는 수많은 적군이 주둔하는 상황이었다.

왜성은 일본이 오랜 전쟁 기간을 거치면서 발전시킨 축성술로 지어졌기 때문에 견고하고, 안정적이어서 공격하기가 매우 어려운 성이었다. 그래서 일본군은 점령한 조선의 성에 들어가 방어하는 대신 새로 성을 쌓은 것이었다.

울산 왜성

　1597년 12월(음) 명나라 경리(총사령관) 양호가 일본군을 조선에서 완전히 몰아내기 위해 가토 기요마사의 본거지인 서생포(울산 왜성)를 공격했다. 울산 왜성은 가토 기요마사가 직접 설계한 것으로 매우 견고해서 대포로도 격파할 수 없었다는 기록이 있다. 울산성을 공격하기 위해 명나라가 동원한 병력은 약 4만 정도였고, 조선군은 징집된 병사 중 많은 군사가 도망치고 3천5백 명이 참전하였다.

　12월 23일 명나라는 총공격을 시작하였다. 공격이 시작되었을 때 울산성을 지키고 있던 일본군의 병력은 1만을 조금 넘겼고 아직도 성의 공사가 진행 중이었다. 일본군은 조명연합군의 포위를 뚫기 위해 몇 차례 돌격을 시도하였지만 모두 격퇴당했고, 반대로 연합군도 견고한 왜성을 공략하는 데 어려움을 겪고 있었다.

　정공법으로 성을 점령하기 어렵다고 판단한 연합군은 포위를 유지하면서 물줄기를 모조리 차단하였다. 마침내 비축해 두었던 식량이 부족해지자 일본군은 최악의 상황에 직면하게 된다. 성안에 식량과 물이 모두 떨어지자 병사들은 종이와 벽의 흙을 긁어먹었고 갈증을 해결하기 위해 말 피와 오줌을 받아 마셔야 했다. 심지어 적장이었던 가토 기요마사도 천에 고인 물을 짜 마셔야 하는 상황이었다.

12월 30일 명나라군은 생포한 포로에게서 수비하는 병사들은 1만 여 명이지만 모두 굶주리고 병들어서 전투에 참여할 수 있는 병사는 1천 명을 넘지 못한다는 말을 듣고 마지막 공격을 준비하고 있었다. 전세가 불리해지자 가토 기요마사는 할복하기 직전까지 몰렸다. 하지만 그때 가토 기요마사를 구원하러 온 일본군이 도착했고, 일본군의 기세에 눌린 연합군은 포위를 풀고 퇴각하였다.

▧ 07 노량해전과 전쟁의 종결

명량해전이 끝난 1년 뒤 1598년 9월(음) 조선과의 전쟁을 고집하면서 그토록 조선 백성들에게 악마와도 같았던 히데요시가 죽었다(8.18)는 소식이 들려왔다. 도요토미 히데요시는 죽으면서 이렇게 말했다.

"몸이여 이슬로 와서 이슬로 가나니, 오사카의 영화여 꿈속의 꿈이로다."

도요토미 히데요시의 사망 소식에 일본군이 철군할 기미를 보이자 조명연합군은 육상의 삼로군과 수군이 동시에 일본군을 공격한다는 사로병진四路竝進 작전을 세웠다. 이 작전에 따라 4만의 동로군은 가토 기요마사가 지키는 울산 왜성을 공격했고, 4만의 중로군은 시마즈 요시히로가 지키는 사천 왜성을 공격했다. 마지막 3만5천의 서군과 1만 5천의 수군은 고니시 유키나가가 있는 순천 왜성을 공격했다. 퇴각하

　　　　　　　　　　　　　　　임진왜란과 병자호란

는 일본군을 공격할 수 있는 마지막 기회였다.

하지만 육상에서 항상 뛰어난 능력을 발휘하였던 일본군은 철수하는 상황에서도 조명연합군이 쉽사리 공격할 기회를 주지 않아 조명연합군의 공격을 격퇴해 버렸다.

순천에서는 이순신이 쏟아지는 총탄을 무릅쓰고 바다에서 성을 공격하였지만 고니시 유키나가에 매수된 명 제독 유정이 전투에 참여하지 않아 공격에 애를 먹고 있었다. 이순신은 이 전투에서 30척의 적선을 격침하고 11척을 나포하는 전과를 세웠지만, 유정이 공격을 시도하지 않고 퇴각해 버리자 진린과 함께 본진으로 돌아갈 수밖에 없었다.

11월 8일(음) 이순신은 조정으로부터 순천의 적이 철군하니 길을 끊어 막으라는 명령을 받고 출진에 나섰다. 순천 왜성 앞바다에 나타난 이순신은 고니시 유키나가의 퇴로를 완전히 차단했고 위기감을 느낀 고니시 유키나가는 진린을 매수했다. 사실 진린은 남의 나라에 와서 싸우는 처지이어서 전쟁이 빨리 끝나기만 바랄 뿐 일본군과 싸우는 것을 주저하였다.

11월 14일 고니시가 진린에게 돼지고기 두 마리와 술 두 통을 보내면서 배 한 척이 포위망을 뚫고 통과하게 해달라고 간청하자 진린은 이를 허락해 버리고 말았다. 하지만 이 배 한 척은 사천에 주둔하고 있던 시마즈 요시히로와 남해의 소 요시토시에게 구원을 요청했고 이들은 500여 척의 함선을 이끌고 순천으로 향했다.

적의 통신선이 빠져나갔다는 보고를 받은 이순신은 곧 구원병이 도착할 것이라 예견하고 고니시와 구원군 사이에서 포위 공격을 당하기 보다 먼저 적을 선제공격하기로 하였다. 이순신이 진린에게 곧 적의 공격이 예상되어 이곳에 있으면 적에게 포위 공격당할 위험이 있다고 하였으나 진린은 떠나기를 주저하였다. 이에 이순신이 조선 수군만 단독으로 출정하겠으니 진린 장군은 알아서 선택하라고 이르니, 진린의 수군도 마지못해 이순신의 수군과 같이 이동하였다.

명나라군 입장에서는 남의 나라에서 싸우는 군대가 목숨 바쳐 싸울 이유가 없기도 했거니와 일본군이 자기들 나라로 돌아가는 그것만으로도 명군의 임무는 완수하는 것이었다. 그러나 백성들이 도륙당하고 온 국토가 초토화되어 복수심에 불타는 조선군은 입장이 달랐다.

이러한 어려운 상황에서도 이순신이 진린의 명나라 수군을 이끌고 마지막 대해전大海戰에 임할 수 있었던 것은 무엇보다 이순신이 왜적을 상대로 거둔 무패의 장군이라는 명성과 함께 뛰어난 통솔력과 외교력에 기인하였다.

적선이 올 것을 예상한 이순신의 함대와 진린의 함대는 노량 근처에 복병선을 매복해놓고 적이 다가오기를 기다리고 있었다. 창선도에서 출발한 300척의 전선에 1만5천의 정예군사를 태운 일본함대가 노량해협으로 들어오자 노량 근처에 복병한 복병 함장의 함대가 일제히 공격하기 시작하였다.

노량해협을 안전하게 건널 수 있으리라 생각했던 일본 수군은 조선 수군의 기습에 크게 당황하였으며 수척의 함선이 격침당하자 그제야

임진왜란과 병자호란

기습을 당했다는 것을 알았다. 이에 시마즈 요시히로는 즉시 우세한 함선의 수를 이용, 조선 수군 복병장의 함대를 포위하였다.

이때 이미 죽도 부근에 매복하고 있던 명의 진린 함대가 도독기를 높이 올리고 북을 치며 진격을 하고 있었다. 원래 명의 사선, 호선들은 왜군의 세키부네보다 전투력 면에서 열세에 있었으나 진린과 등자룡이 탄 배는 일전에 이순신이 이들에게 준 판옥선으로 왜선들보다 월등한 전투력을 지니고 있었다. 삼도 수군 복병장의 함대도 그에 호응하여 왜선을 침몰시키기 시작하였다.

노량에서 기습을 당한 일본 수군은 그대로 퇴로를 찾다가 관음포까지 유인당했고 관음포 근처에 매복하고 있던 이순신의 삼도 수군 본함대가 공격하기 시작하였다. 첨자철진尖字札陣(끝이 뾰족 한 형태의 진)을 펼친 이순신의 함대는 일본 수군 중앙을 돌파하려 하였고, 어린진魚鱗陳(물고기 비늘처럼 나란히 배열된 모양)을 펼친 상태에 있던 일본 수군은 졸지에 명수군, 조선 수군 복병장, 이순신의 함대에 포위되어 버렸다. 때마침 부는 북서풍을 이용하여 조선 수군은 불화살과 신기전, 불붙은 짚 섬으로 화공을 가하였고, 순식간에 일본군의 함대가 불타기 시작하였다.

화공공격에 큰 피해를 본 일본함대는 혼란한 가운데 중앙을 돌파당하였다. 일본군 지휘관 시마즈 요시히로는 빠른 판단력으로 상대적으로 취약한 명의 함대를 공략하였다. 일본군 함대가 명나라 함대를 향해 빠르게 돌진하였고, 명나라 함대에서 일본 수군 세키부네에게 화포 공격을 퍼붓는 와중에 총병 등자룡이 탄 판옥선에 명나라 수군이 쏜 함포가 오발 되고 말았다. 이어서 돌진하는 일본군 함선에 의해 등자룡이 전사하고 판옥선이 불타버리고 말았다.

이 여세를 몰아 일본 수군은 즉시 진린의 대장선으로 달려들었으나 이순신의 함대가 근처에 와서 진린의 함대를 구하였고, 조·명 수군은 포위진을 펼친 후 일본군 함대에 포격을 퍼부었다.

야간상황으로 평소의 화포 사거리보다 훨씬 짧은 거리에서 전투가 벌어져 전투는 시종 근접전 상황이 계속되고 있었다. 명나라 수군을 공격하여 중앙을 돌파하여 활로를 뚫는다는 왜군의 계획이 이순신의 빠른 구원으로 무산된 상황에서, 노량에서 여수 방향으로 흐르던 물이 방향을 바꾸어 여수에서 노량 방향으로 일기 시작하자 관음포 앞바다의 파도가 일어나 물결치니, 마치 관음포가 먼바다처럼 보이게 되었고, 이때 일본군은 퇴로를 찾다 관음포로 잘못 찾아 들어갔다. 관음포는 퇴로가 막힌 만으로 포구가 넓어 야간에 보면 그냥 먼 바다로 보일 정도이다.

관음포에 봉쇄된 일본 수군을 조명연합군이 관음포 입구에서 정렬하여 입구를 철저하게 봉쇄 포위섬멸을 시작하였으며, 일본군은 퇴로가 막힌 채 죽기 살기로 거센 저항을 시작하였다. 지금까지 이순신이 거둔 해전에서는 철저히 적을 유인하여 유리한 위치에서 적을 포위섬멸 작전을 펼쳐 왔으나, 관음포에서의 전투 양상은 이전의 전투 양상과 같을 수가 없었다.

관음포에서의 전장은 일본군에게도 그렇게 나쁘지 않았다. 좁은 공간에서 싸워 수전에서 백병전을 전개해야 하는 상황까지 이르렀기 때문이었고, 조선군으로서는 다만 얼마간의 희생을 치르더라도 그동안 도륙당하고 짓밟힌 조선의 백성들을 위하여 반드시 일본군을 섬멸시켜야 하는 전투였고, 이순신도 그것을 충분히 고려하고 감내하며 전투에 전력으로 임하였을 것이다.

밤새도록 이어진 전투가 아침이 되어 오전 8시경, 이순신은 일본 수군을 계속해서 추격하며 독전을 이어가던 중 적함에서 쏜 총탄 한 발이 이순신의 몸을 꿰뚫었고, 충무공은 그만 쓰러지고 말았다.

적 총탄에 맞은 이순신은 "싸움이 급하니 나의 죽음을 알리지 말라"는 말을 하였고, 조명 연합 수군은 이순신의 죽음을 모른 채 남은 적들을 소탕하며 정오까지 전투가 계속되었다. 당시 상황을 이원익은 이렇게 말하였다.

"이순신의 아들 이예가 지금 충훈부 도사로 있는데, 그도 얻기 어려운 인물입니다. 왜란 때에 이순신이 죽게 되자 이예가 그를 부둥켜안고 흐느꼈는데, 이순신이 적과 대치하고 있으니 죽음을 알리지 말라 운운하였습니다. 그러자 예는 죽음을 알리지 않고 여느 때처럼 전투를 독려하였습니다."

한편 다른 기록에서는 이순신의 전사 소식을 듣고 분기탱천憤氣撐天하여 분전하다가 다치거나 전사한 인물들이 많이 나온다. 이순신과 동승한 송희립도 상처를 입었으며, 유형은 적탄을 여섯 발이나 맞고도 끝까지 전투를 독려했다. 가리포 첨사 이영남 역시 잔적을 소탕하다 전사하였다.

임진왜란 당시 해전에서 이순신은 부족한 함선과 병력의 규모를 우월한 화력과 사정거리의 우위를 점한 화포 공격으로 적을 포위 섬멸하였으나, 노량해전은 적의 섬멸을 목표로 하였기 때문에 근접전 양상을 띠고 전투를 하여 조선 수군의 사상자가 이전의 전투보다 많이 발생하였다.

그런데도 여전히 조선군의 사상자가 일본군의 사상자에 비해 훨씬 적었던 이유는 이순신의 탁월한 지휘능력과 우월한 판옥선, 7년 전쟁 동안 조선 수군의 백병전 능력이 크게 향상된 덕분이었다. 하지만 고니시 유키나가와 시마즈 요시히로는 탈출에 성공하여 무사히 전장을 빠져나가 도망쳐버렸다. (7년 전쟁의 끝)

진린은 '전투로 적선 100여 척을 포획하고, 200여 척을 분쇄하였으며 500여 급을 참수했고 물에 빠져 죽은 자는 셀 수 없다'라고 보고하였고 이덕형은 '왜 군선 200여 척을 격침하고 사상자가 수천 명'이라고 보고하였다.

임진왜란을 겪으면서 조선은 막대한 인명 피해와 농업과 경제 기반이 무너져 버렸다. 조선이 전쟁피해를 복구하는데 많은 시간이 걸렸고 여러 면에서 이전의 국력을 완전히 회복하지 못했다. 그리고 약 40년 뒤 1636년 조선은 또다시 침략을 받아 굴욕적인 항복을 하게 되었다.

5장

남한산성과 병자호란

▣ 01 누르하치와 후금

14세기 말 몽골족인 원元나라를 몰아내고 중국 대륙에 명明 제국을 건국한 한족은 이민족의 부활을 막기 위해 이이제이以夷制夷 정책을 펴면서 몽골족과 여진족을 서로 경쟁하게 했고, 여진족 안에서도 서로 경쟁하게 했는데 명나라에 호의적인 부족에게는 명과 교역할 수 있는 교섭권을 주었고, 적대적인 부족은 고립시키는 고립화 정책을 폈다.

이처럼 명明나라가 건국된 이후 끊임없이 반간계反間計를 사용하여 주변 세력이 강성해지는 것을 통제하였으나, 16세기에 들어서면서 명 황제 만력제가 국사를 논하지 않고, 내관의 정치 농단이 이어지면서 만주 지역에서 명나라의 통제를 벗어나려는 세력이 등장하였다.

16세기 말 당시 만주 지역에는 세 개의 큰 부족이 있었다. 이들 세 부족은 압록강 북쪽 길림성 지역에 있었던 건주여진建州女眞과 헤이룽장성 지역의 해서여진海西女眞, 두만강 북쪽 지역의 야인여진野人女眞이었다.

임진왜란과 병자호란

건주여진의 누르하치는 초기 명나라 요동 총관이었던 이성량의 특별참모로써 많은 전공을 세워 이성량으로부터 많은 혜택을 받았다. 지원을 받아 세력을 키운 누르하치는 마침내 1589년 건주여진의 5개 부족을 통일하였다. 누르하치의 세력이 커진 것을 경계한 명나라는 이후 건주여진과의 교역을 봉쇄하고 건주여진과 적대 관계였던 해서여진의 예허 부족을 통해 견제 작전과 건주여진의 세력을 분열시키기 위해 많은 노력을 기울이기 시작하였다. 그러던 차에 1592년 일본이 조선을 침공하여 20일 만에 한양이, 한 달 만에 평양성이 함락당하면서 조선은 명에 구원요청을 하였다.

이에 명나라는 만주 지역에서 누르하치의 세력이 왕성해지는 것을 견제하면서, 먼저 정명가도征明假道를 내세워 북진을 거듭하고 있는 일본군을 저지하기 위해 조선에 병력을 급파하였다. 명나라의 관심이 조선에 있을 때 누르하치는 건주여진을 통일한 후 8기군을 창설하였다(팔기군은 병력 300명이 모인 집단이 니루이며, 니루가 다섯이면 1,500명의 잘란이 되고 잘란이 다섯이면 7,500명의 쿠사(기)가 되고 쿠사(기)가 8개가 있다 하여 8기 군이라 하였다).

누르하치가 만주 지역에서 세력을 급속히 확장하고 있을 때 조선은 7년간의 전쟁으로 국토는 폐허가 되었고, 백성들의 고난은 이루 말할 수 없을 정도로 힘들었다. 전쟁이 끝난 후 선조는 전란에서 세자의 전공이 크다는 대신들과 백성들의 칭찬에 점점 더 광해군을 시기하기 시작하였다. 그리하여 선조는 전쟁의 뒤끝을 수습해야 할 시기에 세자인 광해군을 견제하고 냉대하였다. 광해군이 임금인 아버지 선조에게 문안 인사를 오자 내시들이 "세자의 문안이옵니다"라고 외치면 "어찌 세자의 문안이라 이르느냐? 너는 임시로 책봉한 세자이니 다시는 문안오지 말라"라고 역정을 냈다. 광해군은 땅에 엎드려 피를 토하는 지경에 빠졌고, 불안하기 짝이 없는 나날이었다.

이러한 질투심과 견제 때문에 왕위계승에 밀려 어려움을 겪던 중 갑자기 선조가 사망하자 임진왜란이 종료된 지 10년만인 1608년에 선조의 뒤를 이어 광해군이 왕위에 올랐다. 가까스로 왕위에 오른 광해군은 그동안 줄기차게 자신을 반대하던 반대파를 숙청해야 하는 난관에 봉착하였고, 이런 일들이 결국 훗날 골육상쟁의 비극과 쿠데타의 단초가 되어버렸다.

| 좌절된 광해군의 중립외교

광해군은 왕위에 오른 후 전쟁의 상처를 보듬고, 민생의 안정을 꾀하기 위해 여러 노력을 기울였다. 한편 세자시절 적통론을 내세워 자신의 왕위계승을 반대했던 서인을 멀리하고 북인들을 중용하였다. 광해군은 만주지방에서 발호한 여진족의 세력이 강성해지자 중립외교를 펼쳐 후금과의 전쟁위기를 모면하고 실리외교를 펼쳐 현 상황을 유지하고 있었다.

그즈음 누르하치는 1616년 스스로 칸으로 즉위한 후 점차 세력을 키워 국호를 후금으로 하였다. 광해군은 북방세력이 날로 커지자 북방의 성城과 병기를 수리하고 군사를 양성하는 등 국경경비에 힘썼다.

대칸이 된 누르하치는 1618년 명나라에 대해 '일곱 개의 큰 원한'을 내걸고 선전포고를 하고 요동의 명나라 거점인 무순을 공격했다(사르후 전투). 명나라는 이에 대해 양호를 요동경략(총사령관)으로 임명하고 누르하치를 토벌하게 했다. 그러나 명군은 예산 부족으로 군사를 징집하는 데 시간이 걸렸고 양호는 후금에 접해있는 예허 부족(해서여진의 가장 큰 부족)과 남쪽에 있는 조선에 군사지원을 요청하였다. 예허 부족은 자신들이 여러 여진족의 중심이라 생각해 누르하치와 대립하고 있었으므로 이에 응했다. 하지만 조선의 국왕 광해군은 명나라와 여진족의 싸움(사르후전투)에 출병을 꺼렸다.

이미 여진족이 명나라도 무시할 수 없는 세력으로 커진 상태에서 조선은 임진왜란으로 전 국토가 초토화되었고, 많은 백성을 전란으로 잃어 국력을 회복하지도 못했는데, 섣불리 전쟁의 한복판으로 나아가는 것이 결코 조선에 이롭지 못했기 때문이다. 그러나 조정의 대신들은 광해군의 생각과 달리 성리학적 사관에 따라 조선이 명나라에 재조지은再造之恩(거의 망하게 된 것을 구원하여 도와준 은혜)을 받았기 때문에 반드시 은혜를 갚아야 한다고 하였다.

광해군이 파병을 머뭇거리자 이러한 광해군의 중립정책에 서인 세력들이 크게 반발하고 대노大怒하였다. 그들은 "왜란 때 명나라에서 군을 파병하여 우리 조선군을 도와주었는데 명에 대한 사대를 저버리고 후금을 사대로 대하는 것은 배은망덕한 오랑캐만도 못한 천한 놈이오!"라고 말하였다. 그러면서 서인과 사림들은 나라가 망할지언정 군대를 보내야 한다면서 들고일어났다.

이러한 내부의 엄청난 압력 때문에 광해군은 한 치 앞도 분간하기 어려운 국제 정세 속에서 힘없는 조선의 앞날을 걱정하며, 도원수 강홍립에게 1만5천의 병력을 주어 압록강을 건너게 했다.

'당초 도료군 1만 명은 오로지 양서의 정예병만을 선발하여 단속하고 훈련 시켰으므로 장수와 졸개들이 서로 익숙하니 지금 와서 경솔히 바꾸기는 곤란하다. 중국장수의 말은 그대로 따르지만 말고 오직 패하지 않을 방도를 강구하는 데 힘을 쓰라.'

-광해군일기(11년 2월 3일)

1619년 10만의 명군은 4로 병진 작전을 전개하면서 후금의 누르하치 부대를 공격하였으나 각개격파 당했고, 강홍립의 조선군 1만5천 명도 누르하치 군에게 포위되어 치명적인 타격을 입고 1만5천 명의 군사 중 주요지휘관과 많은 병력이 전사하고 강홍립을 포함한 5천 명은 누르하치 군에 투항하였다. 이 전투 이후 요동의 명군은 후금에 밀리게

임진왜란과 병자호란

되어 개원, 선양, 요양이 잇달아 후금의 손에 떨어졌다. 강홍립은 후금 (청나라)에 항복 후 자신의 상황과 후금의 실정에 대해 광해군에게 비밀서신을 보내 정보를 알려주었다.

조선이 1619년 파병을 한 지 4년 후 한양에서는 신하들과 광해군 사이에 갈등이 점점 더 깊어졌다. 광해군은 냉혹한 국제현실 속에서 균형 있는 중립외교를 펼쳐 조선의 안전을 유지하려 하였다. 또한, 황폐해진 국가체계를 회복하기 위해 많은 노력을 기울였다. 하지만 붕당 간의 대립이 심화된 상태에서 왕권의 기반은 매우 취약하였다.

광해군은 아버지 선조로부터 철저한 견제와 주위에서 끊임없는 정통성 문제로 공격받다가 선조가 갑자기 사망하자 힘들게 왕위에 올랐다. 왕이 된 이후 광해군은 왕권 강화 차원에서 계축옥사를 일으켜 왕위를 위협하던 영창대군 세력을 제거하고, 1617년에는 인목대비의 존호(임금이나 왕비에게 올리던 칭호)를 삭탈하고 경운궁에 연금시키면서 왕권을 강화하였으나, 오히려 이러한 정책은 갈등이 더 커지는 결과를 낳고 말았다.

이러한 일은 성리학적 윤리관에 기초하고 있던 사림으로부터 패륜으로 비판받았으며, 중립외교를 펼치는 것 또한 명나라에 의리를 저버린 행위로 비판받아, 1623년 4월 11일 서인 일파가 불만을 품고 정변을 일으켜 광해군 및 대북을 몰아내고 능양군 이종을 옹립하였으니 이가 바로 인조반정이다.

결국, 1623년 인조반정을 통해 중립정책을 펼치던 광해군이 폐위되고, 친명정책을 펴는 인조가 즉위하였다. 인조는 세력의 변화가 일어나는 동아시아 국제 정세를 제대로 파악하지 못하고 배금친명排金親明정책으로 전환하였다.

02 이괄의 난과 모문룡 사건

인조반정은 성공적으로 마무리되었지만, 정치 암투는 여전히 계속되고 있었다. 이때 반정공신의 논공행상에 불만을 품은 이괄이 반란을 일으키려 한다는 무고를 당하였다.

이괄은 인조반정 때 반정군을 총지휘하여 반정을 성공적으로 이끈 인물이었다. 그러나 공신 책봉에서 자신이 2등 공신에 책봉되고, 반정할 때 집 안에 숨어있다가 반정이 거의 성공단계에 접어들었을 때 합류한 김유가 1등 공신이 되고, 심지어 반정에 참여하지 않은 김류의 아들 김경진이 자신과 같은 2등 공신에 책봉되면서 불만을 품게 되었다.

이후 이괄은 한성부윤으로 있다가 만주족이 침입할 우려가 있다 하여 도원수 장만 휘하의 평안병사로 임명되어 갔다. 평안병사로 있으면서 이괄이 공신책록에 불만을 품고 반란을 꾀하려 한다는 소식이 전교수前教授 문회의 밀고로 조정에 알려지게 되었다.

조정에서는 이러한 사실을 엄중히 조사하였지만, 결국 무고임이 밝혀져 무고자들을 사형시키려 하였으나, 당시 집권층은 인조에게 이괄을 붙잡아와 진상을 국문하고 부원수를 해임하자고 건의하였다.

인조는 이러한 건의를 무시하고, 단지 군중軍中에 머무르던 이괄 아들 이전을 모반의 사실 여부를 조사한다는 명목으로 서울로 압송하기 위해 금부도사를 보냈다. 이에 금부도사가 이괄 아들을 한양으로 압송하러 오자 평안도 절도사였던 이괄은 금부도사의 목을 베면서 "아들이 역적인데 아비가 무사한 적이 있더냐?"라는 말과 함께 병력을 일으켜(1624년 1월 24일, 음) 한양까지 17일 만에 진격하여 왕을 도성으로부터 쫓아냈다. 하지만 오래지 않아 진압군에게 대패하고 난은 평정되었다.

이괄의 난이 당시 국내외 정세에 미친 영향은 매우 컸다. 안으로는 국왕이 난을 피해 공주(공산성)까지 피난 가는 초유의 사태가 발생하였다. 인조는 반란이 두려워 사찰 강화 등으로 군사들의 진법훈련과 기타 훈련을 하지 못하게 하는 등 훈련을 통제하였다. 이리하여 이괄의 난 이후 정묘호란 때 조선군의 북방 방어상태는 사실상 와해되어 있었다. 심지어 패잔병의 일부는 후금에 항복하여 후금군이 조선을 침공할 때 길 안내자가 되었다.

임진왜란과 병자호란

| 홍타이지의 등장과 정묘호란

사르후 전투(1619)에서 승리한 누르하치의 후금군은 요동지역 대부분을 차지하고 대패한 명나라군은 이후 패배를 거듭하여 요동 지방을 잃고 만리장성까지 밀리게 되었다. 누르하치는 1626년 명나라 수도 북경으로 들어가는 최후의 요새 산해관 앞에 있는 영원성寧遠城을 공격하였다. 며칠간 이어진 공성전 끝에 명나라의 홍이포에 놀란 누르하치는 결국 영원성 공격을 단념하고 물러났다. 이 전투에서 명나라 명장 원숭환에게 패한 누르하치는 부상을 당해 이듬해 그의 아들 홍타이지(8남)에게 권좌를 물려주고 사망하였다.

칸의 자리에 오른 홍타이지는, 후금이 명나라의 계속된 경제봉쇄와 당시 세계적인 기후 이상으로 물자조달에 어려움을 겪자 이를 타파하기 위해 광해군의 폐위를 보복한다는 명분과 평안도 철산 가도 지역의 모문룡 부대를 조선이 돕고 있는 것을 바로 잡기 위해 군사 3만을 일으켜 1627년 조선을 침공해왔다.

과거 이괄의 난으로 북병의 군사체계가 붕괴된 상태에서 인조는 반란이 두려워 방어체계도 전혀 갖추지 않았다. 이후 후금의 공격에 조선군은 속수무책으로 당했고, 후금군의 엄청난 진군속도에 인조는 강화도로 피신하였다. 강화도에 피신한 인조는 홍타이지와 형제지맹兄弟智猛을 맺고 화의하기에 이른다. 정묘호란으로 후금은 조선에 다음과 같은 요구를 하였다.

–조선은 후금에 식량 지원을 해줄 것.

–명나라 정벌에 필요한 군선(판옥선)을 제공해줄 것.

| 모문룡의 만행

한편 1621년 후금이 요양을 공격하자 명나라 요동도사遼東都司이었던 모문룡은 요동지역에 남은 한족을 이끌고 조선으로 도망쳐 후금의 배후에서 싸운다는 명분으로 1629년까지 평안도 철산 앞바다의 가도椵島에 머무르고 있었다.

가도(椵島)

모문룡은 가도에 동강진東江鎭을 설치하고 명나라 조정에 후금을 공격한다는 명분을 앞세워 매년 은 20만 냥을 지원받아 동강진을 유지

임진왜란과 병자호란

하였지만, 좁은 섬이라 군량이 부족해 조선으로부터 군량미를 지원받아 유지하였다.

광해군 때는 모문룡 부대가 가도에서만 활동하고 군량미 지급을 미뤘으나, 반정으로 정권을 잡은 인조는 모문룡의 도움으로 명나라로부터 왕위 교서를 받자 모문룡 부대에 군량미를 제공하였다. 모문룡은 명나라 조정에 거짓으로 전과를 보고하고, 조선에 필요 이상의 군량미를 요청하였다. 조선이 군량 지급을 따르지 않거나 적게 주면 뭍으로 상륙하여 인근 고을을 약탈하고, 현령을 폭행하는 등 안하무인으로 행동하였다.

당시 국경 변방에는 후금군이 정묘호란 때 인질로 잡은 포로 3만 명을 돌려보냈는데 이들은 전부 여진족으로부터 변발을 당한 상태였다. 조정에서는 후금군에 잡혀갔던 백성들이 변발을 당했기 때문에 이들을 남쪽으로 이동시키면 기찰하기가 어렵다고 판단하여 이들을 국경 지역에 머물게 하였다. 이때 모문룡의 패거리가 이들을 잡아다가 목을 벤 후 후금군의 기병을 잡았다고 명나라 조정에 보고하였고, 명나라 조정은 모문룡의 공적을 치하하며 상금으로 은을 주어 포상하였다.

모문룡은 포상받은 은으로 조선으로부터 헐값에 곡물을 사서 적군인 후금에 팔아먹는 일을 자행하고 있었다. 그 뒤 모문룡은 후금을 정벌하기 위해 요동으로 출전했으나 실패하고, 모문룡이 공적을 거짓으로 보고한다는 것을 알게 된 요동경략 원숭환에 의해 1629년 처형되었다.

　모문룡이 죽은 후 1633년 그의 휘하 장수였던 공경, 공유덕, 경중명이 반란을 일으켜 명나라의 진압을 피해 후금에 투항하였다. 이들은 훗날 청나라가 명의 요새 산해관을 진격할 때 수군이 바다로 진군하는 역할을 하였다.

주자학적 명분론과 척화론

1627년 정묘호란을 일으킨 후금의 홍타이지는 조선과 '형제지맹兄弟之盟'의 화약을 맺고 퇴각한 후 관계를 이어오다, 1632년이 되어 조선에게 '형제지맹'의 관계를 끊고 '군신지의君臣之義' 관계로 바꾸기를 요구하였다. 이것은 자신들의 세력이 커져 조선을 신하의 나라로 삼으려는 굴욕적인 요구였다. 후금의 무리한 요구와 강압정책으로 조선 내에서는 주자학적 명분에 입각해 화친론을 배격하고 척화론이 대두되었고, 이는 후금과의 관계가 악화 일로를 걷는 계기가 되었다. 그리하여 인조는 후금에 노골적인 불만을 드러냈으며, 명나라와의 의리를 더욱 강조하는 정책을 펼쳤다. 이에 홍타이지는 1627년 정묘호란을 상기시키면서 인조에게 서신을 보내며 협박하였다.

'귀국이 우리에게 주는 물건은 귀국이 까닭 없이 명을 도와 우리 국경을 침범했기 때문에 하늘이 벌을 내려 준 것이오.'

이에 인조는 명나라를 배신할 수 없다면서 강경하게 나가기 시작했다. '남에게 의리상 할 수 없는 일을 하라고 강요하고 힘이 닿지 않은 일을 요구하면서 자신에게는 다른 마음이 없다 하니 누가 믿겠소?'

그러자 도원수 정충신이 인조에게 후금에 대한 강경 대응은 조선에 득 될 것이 없다며 간언하였다.

"옛사람이 이르기를 이른바 갑주를 입은 용사라는 자는 싸우자고 말할 뿐 강화에 대해서 혀를 놀릴 수 없다고 하였나이다. 나라를 꾀하는 방법으로 볼 때 이처럼 위험한 계책은 쓰셔야 되겠습니까?"

정춘신의 간언을 받은 인조는 홍타이지에게 가는 편지내용을 바꾸지만, 정충신을 괘씸히 여겨 파직시키고 도원수에 김자점을 임명하였다.

1636년 3월 후금의 홍타이지는 앙굴타이, 마푸라를 보내 만주, 몽골의 부족장들이 홍타이지에게 올린 존호尊號의 글을 보이면서 조선도 이렇게 하라고 요구하였다. 척화론을 좇는 인조는 이들 사신의 행태가 괘씸하다 하여 접견하지도 않았고, 국서도 받지 않았다.

'지금 오랑캐는 방자하게 세력을 뻗치고 감히 참칭을 떠들면서 서로 의논한다는 핑계로 갑자기 편지를 보내왔다. 이 어찌 우리 나라의 임금과 신하로서 차마 들을 수 있겠는가. 하기에 누가 강하고 약한지, 나라가 존재할지 망할지 하는 형세에 대해서는 아랑곳하지 않고 오직 올바른 의리로 결심을 내려 그 글을 뿌리치고 받지 않았다. 서울 안의 남녀들은 전쟁의 이 참화가 눈앞

임진왜란과 병자호란

에 박두했음을 알면서도 오히려 오랑캐를 거절한 일을 통쾌하 게 여겼다. 만약 팔도에서 조정에서 내린 이 공명정대한 조치와 위급하고 절박한 시기가 닥쳐 왔음을 알게 된다면, 소문만 듣고 도 격동하고 분발해 죽기를 각오하고 원수를 갚으려 나설 것이 니, 거리가 멀거나 가깝거나 신분이 귀하거나 천하거나 하는 것 에 무슨 차이가 있겠는가.'

-인조실록 14년(선전교서)

이것은 얼토당토않은 아전인수요 생판 거짓말이었다. 서둘러 전시체 제로 돌입하고 총동원령이 내려졌지만, 말만 무성하지 눈에 띄는 성과 가 없었다. 사헌부에서도 이점을 우려하여 인조에게 보고하였다.

"온 나라가 위급한 처지에 놓여 아침에 어떻게 될지 저녁에 어떻게 될지 알 수 없는데 깊은 궁궐의 침묵은 전날이나 다름이 없고 의정부 의 태평스러운 태도는 여느 때와 같으니 오랑캐의 손발을 얽어맬 만 한 승산이 있는지 아니면 승리를 이룩할 만한 방략이 별도로 있는데 도 신들이 알지 못하는지 궁금합니다. 훈련원에 소속된 4천의 군사를 징발해보니 수백 명뿐이고 사방의 정병은 각 관아의 군관에 소속되어 오히려 은신처로 삼으니 설사 변란이 일어난다 해도 이들은 강변에서 유유히 거닐고 말 것입니다."

조선 조정의 대세는 전국의 사림에 척화를 기정사실로 하면서 선전 에 열을 올렸고, 팔도에 척화 선전 교서를 내려 반후금 정서를 상기시키고, 북방의 방비를 굳게 하면서 적의를 보였다.

> '이기고 지는 것은 병가지상사다.
> 저놈들이 강하다 해도 때마다 반드시 이기지는 못할 것이고,
> 우리가 싸움마다 패하지도 않을 것이다.
> 오랑캐가 침략하면 과인이 앞길에 진주하여,
> 장수를 격려하고 서북 군민을 위로하겠노라.'
>
> -인조의 선전교서

인조의 교서가 전국 각지에 도착하니 조선의 대신들과 사대부들이 열렬히 응원했고, 부모 나라 명나라와 의리를 지키자면서 적극적으로 동의하였다. 그러나 실상은 싸울 수 있는 준비는 하나도 갖추지 않고 오로지 감정에 치우친 뼈아픈 결정이었다. 왕이나 사대부들은 말과 글로서만 의리를 나타내었지만 내 몸을 내놓지 않고서는 나라를 지킬 수 없는 것이 현실이었다.

힘도 없고, 준비도 하지 못한 상태에서 국제 정세도 읽지 못하고 오직 의리 하나로 정세를 판단하여 2개월도 안 되는 짧은 전란이었음에도 60만 명이라는 백성이 청나라로 끌려가 노예로 팔려가고, 그들의 종이 되고 성 노리개가 되었다. 내가 아닌 다른 누군가가 대신 싸워주겠지, 하는 생각은 이후에도 우리 민족 역사에 계속해서 나타났다. 인조는 마땅한 대책도 없이 홍타이지에게 이렇게 서신을 보냈다.

임진왜란과 병자호란

'우리는 의지할 만한 군사와 재물이 없으나, 강조하는 것은 대의$_{大義}$이고, 믿는 것은 하늘이요, 하늘이요, 지난번 귀국이 침략해 왔을 때 맹약을 맺고 물러갔으니, 그것은 천도에 순종한 것이었소. 그러나 지금은 우리를 곤혹스럽게 하고 우리에게 따르지 못할 억지를 부리며 병력이 강하다는 이유로 형제국을 압박해 우리가 먼저 전쟁의 꼬투리를 열었다고 말하고 있소. 귀국이 넓고도 깊이 생각하면 다행이겠소.'

04 청의 건국과 병자호란

1636년 5월 후금의 홍타이지는 스스로 황제의 자리에 올라 국호를 청淸으로, 연호를 숭덕崇德으로 고쳤다. 청은 계속된 조선의 도발을 묵과할 수 없어, 명을 치기 전에 조선 원정을 위한 원정군을 조직하였다.

홍타이지의 후금이 스스로 국호를 청으로 바꾸고 황제의 자리에 오르니, 조선의 조정과 사림은 어찌 오랑캐의 나라가 황제의 자리에 오르는가 하면서 전국이 매우 분개하였고, 심지어 청 태종 즉위식에 참석한 조선 사신들은 청 태종에게 절하기를 거부하였다.

이때 청나라의 장수 용골대가 사신으로 와 나라의 국호가 청으로 바뀐 것과 황제의 존호를 알리며, 군신지의君臣之義 관계를 맺을 것을 요구하였다. 인조와 조정은 오랑캐 나라가 황제의 자리에 앉았다 하여 매우 분개하였고, 조선은 성리학의 나라로 어버이의 나라는 오직 명나라만 섬긴다는 생각으로 사신을 당장이라도 잡아 죽일 것처럼 분위

임진왜란과 병자호란

기가 험악하였다.

조선 조정의 분위기가 심상치 않자 용골대는 자신이 묵은 방을 몰래 빠져나와 민가에 들려 말을 훔쳐 타고 청나라로 돌아가던 중 인조의 밀명을 받고 평안도 관찰사에게 가는 서찰을 빼앗았는데 그 내용은 '북방지역의 방비를 굳게 하고 군비를 확충하라'라는 것이었다. 그리하여 청나라는 조선朝鮮이 청淸과 맺은 형제지맹의 관계를 끊고 청나라에 적대적으로 나올 것을 알아차렸다. 용골대가 도망칠 때 조선 백성들이 길가에 나와 오랑캐가 황제가 된대요, 하면서 노래를 부르며 놀렸다는 이야기도 있다.

조선으로 보낸 사신이 아무 성과 없이 돌아오자 청나라 황제 홍타이지는 먼저 죽은 아버지 묘에서 맹세하며 조선 정벌을 고했다.

"높고도 높으신 아버지 태조시여, 하늘의 조서를 받아서 왕조를 창성하게 하고, 나라의 기초를 창립하고, 세우게 하고, 특별한 공로와 자애롭고, 효성 있고, 준엄하고, 성스러운 황제 신위 앞에 옥좌를 물려받은 아들이 무릎을 꿇고 아뢰옵니다. 담홍색 토끼해(1627년)에 아버지께서 남기신 신위의 힘에 힘입어 군대를 보내 조선국을 항복하게 하고 하늘과 땅에 맹세해 그들을 동생으로 삼고 해마다 암반들을 파견했습니다. 또 그들은 그 땅으로부터 나온 물건을 보내며 친선을 맺었습니다. 지금 조선국은 천지에 굳게 맹세한 것을 파괴하며 변심하였으니, 스스로 군대를 일으켜 시비를 판별하여 정벌하고자 합니다. 아버지 태조시여 저희를 보우하소서"

그런 다음 홍타이지는 다음과 같은 조서를 내렸다.

"조선을 징벌하는 것은 우리가 전쟁을 좋아하기 때문이 아니다. 조선이 맹세를 어기고 우리의 도망자를 받아들이고, 우리에게 투항한 경중명(모문룡의 부하)을 가로막고 공격했으며 모문룡을 지원했다. 또한, 우리 사신을 제대로 대접하지 않고 가져간 글을 보지 않았으며, 조선왕이 평안도 관찰사에게 보낸 글은 명백히 형제지맹을 파기하는 것이다. 이에 우리는 조선을 정벌하기로 결심했다. 이번 전쟁은 의로운 전쟁으로 절대 인명을 가볍게 해치지 말고 사찰과 능묘를 훼손하지 말라. 그러나 저항하는 백성은 모두 죽여라"

또한, 조선의 인조에게도 다음의 내용이 담긴 편지를 보냈다.

'이제 짐이 대군을 이끌고 와서 너의 8도를 무찌르려고 하는데 네가 섬기는 명나라가 장차 어떻게 너희를 구해주는지 보고 싶다. 자식의 위급이 경각에 달려있는데 구원하지 않을 부모가 어디 있겠는가? 만일 그렇지 않으면 네가 스스로 무고한 백성을 물불 속으로 몰아넣은 것이니, 억조의 사람들이 어찌 너를 탓하지 않으랴? 만일 할 말이 있거든 서슴지 말고 소상히 알려라.'

홍타이지의 편지를 받고도 조선 인조와 조정은 적이 압록강을 건너 감히 쉽게 침략하지 못할 것이라고 안심하자, 최명길이 아뢰어 "전하 곧 겨울이 될 텐데 강이 얼면 적들의 공격이 있을 텐데 어찌하려 하시나이까?" 하니 모두 다 말문이 막혀 아무도 나서서 말하는 자가 없었다.

전쟁의 암운이 짙어지자 조정에서는 의주, 안주, 평양, 황주, 평산에

임진왜란과 병자호란

주둔한 군사들에게 가까운 산성으로 들어가 수성으로 장기전을 준비하라 지시했다. 북쪽에서 오래 버텨주면 남쪽의 하삼도에서 군사를 징발하여 시간을 벌고 이것을 토대로 남한산성과 강화도의 방어를 보강해 장기전을 치르겠다는 전략이었다.

이리하여 기존 성에서 수비하던 조선군은 조정의 지시를 받고 의주 부윤 임경업은 3천 명의 병사를 이끌고 백마산성으로 들어갔고, 평안감사 홍명구와 평안병사 유림은 평양 주둔군 3천 명을 이끌고 자모산성으로 들어갔으며, 황주 주둔군은 정방산 성으로, 평산 주둔군은 장수 산성으로 들어갔다. 이 산성들은 큰길에서 무려 30~40여 리나 떨어진 곳에 있었다. 하지만 이러한 조선의 전략을 보고 청 태종 홍타이지는 사신 박인범에게 이렇게 말했다.

"조선이 산성을 많이 쌓고 있으나 나는 큰길로 당당히 나가 서울로 들어갈 것이니 산성으로 막을 수 없으며, 조선이 믿는 곳은 강화도이지만 우리가 만일 팔도를 짓밟으면 조그마한 섬 하나로 나라 노릇을 할 수 없을 것이다. 귀국의 의논을 이끄는 선비 출신의 벼슬아치들이 붓을 들어 우리를 물리칠 수 있겠는가?"

청 태종은 당당하게 압록강을 넘어가겠다는 자신의 전략을 숨김없이 밝혔다. 결과적으로 한 임금은 남한산성으로 들어가고 한 임금은 일선에서 지휘했으니 전쟁의 승패는 처음부터 판가름 난 것이나 다름없었다.

| 청의 침공과 조정의 혼란

1636년 12월 2일 청나라 황제 홍타이지는 12만의 대병력을 이끌고 심양을 출발하였다. 홍타이지는 300의 기병 선발대(대장 마부대)를 뽑아 조선인의 옷을 입히고 조선 상인인척하게 한 후 특별명령을 내렸다.

"너희는 먼저 얼어붙은 압록강을 건너 다른 성들은 거치지 말고 곧장 한양으로 진격하라. 만약 우리가 진격하였을 때 조선의 왕이 강화도로 피신하려거든 막아라"라고 하면서 본진에 앞서 3백 기병을 먼저 출정시킨 다음, 또다시 1천 기병(대장 용골대)에게 "너희는 혹시 모를 3백 기병의 배후를 맡아 지원하라"라는 명령과 함께 내려보냈다.

홍타이지가 내린 이런 결정은 얼마나 조선군의 방비와 병력을 얕잡아 보고 내린 작전이었는지, 그리고 그 작전이 성공했다는 것은 조선이 임진왜란이 종료된 후 국방의 방비를 전혀 준비하지 못하였거나, 청나라의 전력과 작전능력을 전혀 모르고 있었다는 방증이기도 하며, 말로만 싸울 듯이 떠들었을 뿐 국경의 방비가 형식적인 수준에 머물고 있다는 방증이기도 하다.

조선은 북방에서 여진족의 발현을 알고 있었고, 1627년 후금의 기습침공으로 인조가 강화도로 피신까지 간 상황이었는데도 불구하고, 적의 군세를 과소평가하고, 기존 관념에 사로잡힌 방어대책으로 청나라군의 기병이 쳐들어 왔을 때 아무것도 해보지 못하고 속수무책으로 당한 것이었다. 조선의 약점을 정확히 꿰뚫어 보고 내린 홍타이지의 정확한 작전 판단 능력의 결과였다.

홍타이지가 조선을 침공하면서 "아녀자들의 나라 조선이 어찌 우리를 막을 수 있겠는가"라고 까지 평한 것을 보면, 조선은 근본적인 변화와 개혁의 길을 거부하고 전란戰亂이 끝나자 조정의 대신들은 나라의 근간을 다시 고치기보다는 서로 상대 당을 헐뜯고, 성리학적 사관에 매몰되어 우물 안의 개구리로 안주해 버렸기 때문에 이런 일이 발생하였다.

1636년 12월 2일(음) 심양을 출발한 3백 기병의 선발대는 12월 8일(음) 압록강을 건너 의주를 지나 12월 16일 한양에 모습을 드러냈다. 청나라가 조선을 침공했을 때 의주의 백마산성에서는 조선의 명장 임경업 장군이 3천 명의 정예군과 함께 지키고 있었다. 조선군은 청나라가 침략해 올 것으로 판단하여 나름 많은 대비를 하고 있었다.

조선군의 작전개념은 적이 기병을 운용하여 속전속결 작전을 펼칠 것에 대비하여 일단 청군이 공격하면 주변 지역을 깨끗이 태워 없애는 청야작전淸野作戰을 펼쳐 적의 식량과 보급을 차단하여 전쟁을 장기전 상태로 유도하여 조선군에게 유리하게 이끄는 것이었다. 그러나 청나라군은 조선군이 계획한 작전대로 조선의 북방 성城을 차례차례로 공격하기보다 모든 성을 우회하여 곧장 한양으로 진격해왔다.

청군 진격로

　　12월 13일 청의 부대가 안주에 도달하였다는 봉화가 한양에 도착한 후 다음 날(12월 14일) 청의 부대가 개경을 지나갔다는 봉화가 한양에 도착하였다. 청나라군이 개경을 지나쳤다는 보고가 도착하자 조정은 일대 혼란이 일어났다. 개경은 한양으로부터 백오십 리 거리로써 기병이면 한달음에 달려올 수 있는 거리였다. 청나라군의 진격 속도는 세계전쟁사에서 유래를 찾아볼 수 없을 정도로 빠른 것이었고, 조선

272　　　　　　　　　　　　　　　　　　　　　　　　　　　임진왜란과 병자호란

으로서는 너무나도 뼈아픈 상황이 되고 말았다.

청군이 개경을 통과하였다는 보고가 올라오자 인조는 먼저 자신의 빈과 봉림대군 등을 강화도에 피신시키고 자신은 다음날 강화도로 피신하기로 하였다.

다음날 인조가 대신들과 함께 강화도로 피신하기 위해 궐문을 나섰을 때 청군의 선봉대 3백 기병은 서울 가까이 이르러 행주산성과 양화진에 나타나 임금이 강화도로 가는 길을 막고 있다는 보고가 올라왔다. 이에 인조는 발길을 돌려 남한산성으로 들어갔다.

도성 안에서는 큰 소동이 벌어졌다. 대신들은 강화도로 갈지 임금을 따라갈지 몰라 허둥댔고, 백성들은 가족을 찾아 헤매며 울부짖었다. 인조가 남한산성을 향해 발길을 돌리자 소현세자와 일부 대신들이 임금을 따랐고, 최명길만이 강화를 위해 적진으로 달려갔다.

▨ 05 남한산성에서의 45일

1636년 12월 14일 인조가 한양의 도성을 나와 남한산성에 도착했다. 성안에 도착하기가 무섭게 임금이 강화도로 들어가야 한다는 주장이 제기되었다. 인조가 김류에게 어느 길로 가야 하느냐고 묻자 김류는 과천으로 빠져나가야 한다고 일러주었다. 임금이 강화도로 간다는 소문이 퍼지자 성안의 벼슬아치들과 백성들은 큰 소동을 벌였다.

다음날 새벽 인조일행은 남한산성의 남문을 나와 강화도로 가기 위해 길에 올랐으나, 밤부터 쏟아진 눈으로 도로가 얼어붙어 인조를 태운 말이 벌벌 떨고서 땀을 흘리며 앞으로 나아가지 않았다. 아무리 채찍을 휘둘러도 그 자리에 선 채 움직이려 하지 않았다. 간신히 발걸음을 떼놓는가 싶었는데 비탈길이 꽁꽁 얼어붙고 눈이 쌓여 말이 넘어지고 말았다. 할 수 없이 인조는 산성으로 되돌아왔다.

12월 16일 최명길이 협상을 위해 청군 진영에서 청군의 요구조건

임진왜란과 병자호란

을 가지고 돌아왔다. 왕자와 대신들을 인질로 보내라는 청의 조건이었다. 청의 요구조건에 성안의 사람들은 전의를 다졌고, 인조 또한 남한산성에서 방어하기로 하면서 성을 순시하고 병사들을 위로하였다. 그러면서 인조는 청나라 군대를 되돌아가게 하고자 왕자를 청나라에 인질로 보내겠다고 전했다. 그러면서 인조는 자신의 아들이 아닌 풍해군 이잠의 차남 능봉수 이이를 능봉군으로 봉한 후 왕제라고 속이고, 예전에 형조판서를 지낸 심집을 대신이라 하여 청나라 선봉대장 용골대에게 보냈다. 용골대는 능봉수에게 물었다.

"그대 나라에서 지난 정묘년에 가짜 왕자를 보내 우리를 속였는데 당신은 진짜 왕자요?"

능봉수는 우물거리며 대답을 못 했다. 용골대는 심집에게 날카롭게 물었다.

"당신은 진짜 대신이요?"

심집 역시 우물거리며 대답을 못 했다. 거듭 통역관 박난영에게 묻자 그는 '진짜 임금의 동생이며 대신'이라고 대답했다. 용골대가 버럭 성을 내며 박난영을 죽이고 두 사람을 돌려보내면서 '세자를 보내야 화친을 의논하겠다'라고 전했다.

12월 20일 청의 3백 기병대장 마부대가 도착하여 청나라 황제가 개경에 도착했음을 알려 주었다. 이에 인조는 전국 각도에 비밀지령을 내려 남한산성을 구원하도록 하면서 삼도 수군의 출병도 명하였다. 12월 21일 충청도 근왕병이 헌릉에 도착하여 불화살로 성내와 서로 응대하면서 조선군은 자신감이 생겨 자모군(지원병)을 모집하였다.

12월 22일 자모군이 성 밖을 나가 청나라 군사 50여 명을 죽이는 전공을 세웠고 조선군은 사기가 올랐으며, 인조는 자모군에게 술과 음식으로 위로하였다. 인조와 백관들이 남한산성에 들어온 이후 날씨가 계속해서 춥고 진눈깨비가 내리기를 반복되니 성을 수비하는 병사들은 옷이 젖어 대부분이 동상에 걸려 버렸다. 고대하던 구원병이 이르지 않자 성안 사람들은 한탄 속에서 하루하루를 보냈다. 식량이 바닥을 드러냈다는 사실을 잘 아는 임금이 생꿩을 수라상에 올리지 말라고 일렀다. 이때 한양을 수비하던 유도대장 심기원이 승리했다는 소식이 전해졌다. 대부분 흰소리라는 것을 짐작했으나 성안 사람들의 용기를 돋우는 효과를 가져왔다.

12월 29일 아침 날이 밝기를 기다려 김류는 일전을 벌일 것을 결심하고 총수 300명을 뽑아 북문으로 내보냈다. 자신은 북문 문루에 대장기를 세우고 북을 울리며 전투를 독려했다. 아군은 북문에서 비탈길을 타고 내려갔다. 적군은 성 아래 곳곳에 복병을 깔아놓고, 송성 바깥에 있던 기병 100명은 후퇴하면서 조선군을 유인하려고 초막에 군졸 몇 명과 마소 몇 마리를 남겨두었다. 김류가 대장기를 흔들며 진군을 지시했으나 병사들이 머뭇거리며 산밑으로 내려가지 않았다. 김류의 지시를 받은 비장 유호가 한 군졸을 도끼로 난도질했다.

자극을 받은 군졸들은 산밑으로 내려가 적군이 남겨둔 마소를 차지했는데 적군은 못 본 체했다. 아군이 평지까지 내려가 각개전투를

임진왜란과 병자호란

벌였다. 김류가 화약과 탄환을 아끼기 위해 대포와 조총을 한번 쏠 때마다 화약과 탄환을 지급하자고 해서 군졸들은 한번 쏠 때마다 탄환을 달라고 아우성치었다. 숨어있던 적군 기병이 날째게 달려 나오고 복병이 사방에서 쏟아져나와 공격을 퍼붓자 조선군은 대항할 겨를이 없이 순식간에 죽어 넘어졌다. 아군은 유호를 포함해 300여 명이 몰살당했고 청군의 사상자는 두 명이었다. 이에 조정은 적의 군세가 생각보다 강함을 깨닫고 무력보다는 강화 회담으로 상황을 타개하기 위해 교섭에 적극적으로 임하였다.

1637년 1월 1일(음) 인조는 문무백관을 거느리고 서쪽 명나라를 향해 망궐례望闕禮(매년 정월 초하루에 명 황제에게 문안 인사하는 것)를 행하였다. 이러한 행동을 보면 조선이 얼마나 성리학적 화이사관華夷史觀에 매몰되어 있었는지 알 수 있으며, 청나라가 쳐들어온 목적 중 하나가 조선이 멸망해가는 명나라를 섬긴다는 이유 때문이었는데도 인조와 조정은 사태의 위급성보다는 명분에 입각해 망궐례를 행하였다.

다음날 1월 2일(음) 청 태종으로부터 서신이 도착하였는데 그 내용은 '짐이 이번에 온 것은 죽이기 좋아하고 얻기를 탐해서가 아니다. 그대 나라의 군신들이 스스로 재앙을 불렀을 따름이다. 그러나 그대들은 집에서 편안히 생업을 즐길지어다. 망령되이 도망가다가 우리 군사들에게 해를 당하는 일이 없도록 하라. 항거하는 자는 반드시 죽일 것이요, 순종하는 자는 기필코 받아들일 것이며, 도망치는 자는 기어이 사로잡을 것이니라'라는 것이었다. 서신을 확인한 인조는 이렇게 적어 보냈다.

'조선 국왕 이종은 삼가 대청 황제께 글을 올립니다. 소방_{小邦}이 대국에 죄를 지어 스스로 병화를 불렀습니다. 그런데 듣자 오니 황제께옵서 궁벽하고 누추한 이곳까지 오셨다기에 반신반의_{半信半疑}하면서 기쁨과 두려움이 교차했습니다. 지난날의 일에 대한 죄는 이미 소방이 알고 있나이다. 그러나 죄가 있다면 정벌했다가, 죄를 깨달으면 용서하는 것이야말로 천심을 체득하는 대국이 취할 행동이라 할 것이 옵니다. 그러나 대국이 기꺼이 용서해 주지 않고 기필코 그 병력을 끝까지 쓰시려 한다면 소방은 사리가 맑고 형세가 극에 이르러 죽음을 무릅쓰고 싸우기를 기약할 뿐이 옵니다.'

전쟁 전 호기롭게 청나라의 홍타이지에게 맞섰던 인조는 남한산성에 들어간 지 21일 만에 이렇게 사과편지를 보냈다. 남한산성에 입성한 후 날씨는 호전되지 않았고, 시간이 지나면서 탈영병이 발생하였으며, 각도에서 출발한 근왕병들의 소식은 일부 전투(전라 병사 김준용이 광교산에서 청군을 상대로 승리한 것)를 제외하고 태반이 청군에 패했다는 소식만 들려오고 있었다.

남한산성 입성 32일째(1월 14일, 음)에는 성에서 수비를 보던 병사들이 얼어 죽었고, 경기도 광주 쌍령전투(1월 15일, 음)에서는 경상도 근왕군 4만의 병력이 남한산성 남쪽을 지키던 청군 1천3백 명에게 괴멸에 가까운 패배를 당하였다. 전세를 확실히 장악한 청군은 선봉대장 용골대를 보내 무조건 항복을 요구하였다. 또한, 홍타이지도 서신을 보냈다.

"지금 네가 살고 싶거든 빨리 성에서 나와 귀순하고, 싸우고 싶거든 또한, 일전하라. 양국이 싸우다 보면 하늘이 처분을 내려줄 것이다."

홍타이지의 서신이 도착하자 성안의 대신들은 갑론을박하며 의논하기 시작하였고, 성의 외곽에서는 청의 홍의포가 굉음을 내며 성벽을 허물자 사람들은 놀라서 두려움에 떨었다.

청나라가 또다시 사신을 보내 척화斥和를 주장한 대신들을 묶어서 보내라고 요구하며 말했다.

"그대가 정말로 성에서 나와 귀순하려거든 먼저 앞장서서 척화를 모의한 신하 두세 명을 묶어 내도록 하라. 짐이 효시해 후일을 경계시키겠노라. 짐으로 하여금 서쪽 정벌의 대사를 그르치게 하고 백성들을 병화에 빠트린 자가 이들이 아니고 누구겠는가?"

사실 인조는 성을 나가서 홍타이지를 보면서 항복하는 것을 끝까지 피하려고 하였다. 혹시라도 항복 후 홍타이지가 인조를 북쪽 심양으로 인질로 끌고 갈까 두려웠던 것이다. 그리하여 세자가 스스로 성을 나가 청나라의 볼모가 되겠다고 하였다.

"내게는 동생들이 있고, 또 아들도 하나 있으니 역시 종사를 맡을 수 있습니다. 내가 비록 적에게 죽는다고 해도 무슨 유감이 있겠습니까?"

계속해서 적의 대포가 온종일 성벽을 강타하는 가운데 성첩城堞이 탄환에 맞아 모두 허물어졌으며 군사들의 사기도 흉흉하고 두려워하였다.

1월 23일(음) 예조판서 김상헌이 죽게 해줄 것을 청하였고, 성안의 장수와 병사들은 척화 신(김상헌, 윤 집, 오달제 등)들을 내보낼 것을 주장하였다.

1월 26일(음) 인조와 조정 대신들이 결심을 못 하고 우왕좌왕하고 있을 때 훈련도감과 어영청의 장졸들이 궐문밖에 모여들어 화친을 배척한 신하를 오랑캐 진영에 보낼 것을 청하였다. 최명길이 용골대를 만나 국왕 대신 세자가 나와 사죄를 드린다고 하자 용골대는 친히 황제가 내려와 있는데 세자가 사죄하는 것은 옳지 못하다 하여 거절하면서, 용골대는 봉림대군의 편지를 전하였다. 봉림대군은 처음 청군이 기습해왔을 때 강화도로 피신하였는데 강화도가 적에게 함락당했다는 소식이었다.

1월 27일(음) 남한산성에 왕과 대신들이 피난 온 지 45일째 날 인조가 처음으로 강도ㅠ都가 함락되었다는 보고를 받자 성안의 사람들이 통곡하였으며 남한산성에서 더는 버틸 수 없다고 판단하였다. 이리하여 인조는 청나라 황제의 약속을 확인하려는 국서를 보냈다.

'신은 성지를 받들고 나서 천지처럼 포용하고 덮어주는 큰 덕에 더욱 감격하여 귀순하려는 마음이 가슴속에 간절하였습니다. 그러나 신 자신을 살펴보건대 죄가 산더미처럼 쌓였기에 폐하의 은혜와 신의가 분명하게 드러남을 모르는 것은 아니었지만, 조서를 내린 황천皇天이 내려다보는 듯하여 두려운 마음에 신은 여러 날 머뭇거리느라 앉아서 회피하고 게을리하는 죄만 쌓게 되었습니다.

이제 듣건대 폐하께서 곧 돌아갈 것이라 하는데 만약 일찍 스스로 나가 용안을 우러러 뵙지 않는다면 조그마한 정성도 펼 수 없게 될 것이니 후회한들 무슨 소용이 있겠습니까? 다만 생각건대, 신이 바야흐로 300년 동안 지켜온 종사와 수천 리의 생명을 폐하에게 우러러 의탁하게 되었으니 정리 상실로 애처로운 점이 있습니다. 만약 혹시라도 일이 어긋난다면 차라리 칼로 자결하는 것이 나을 것입니다. 삼가 원하건대 성자께서는 진심에서 나오는 정성을 굽어살펴어 조지詔旨를 분명하게 내려 신이 안심하고 귀순할 수 있는 길을 열어주소서.'

인조의 국서를 받은 홍타이지는 다음과 같은 답장을 보냈다.

'그대는 이미 죽은 목숨이었는데 짐이 다시 살아나게 했으며 거의 망해가는 그대의 종사를 온전하게 하고 이미 잃었던 그대의 처지를 돌려주었다. (중략) 그대는 마땅히 국가를 다시 일으켜 준 은혜를 생각하라. 뒷날 자자손손 신의를 어기지 않는다면 그대 나라가 영원히 안정될 것이다. 짐은 그대 나라가 되풀이해서 교활하게 속였기 때문에 이렇게 교시하는 것이다.'

이조참판 정온과 예조판서 김상헌이 자결을 시도하였고, 윤집과 오달제가 하직 인사를 하였고, 이튿날 청군이 이들을 끌고 갔다.

📊 06 삼전도의 굴욕

남한산성으로 피신한 인조는 성내에 물자가 떨어지고, 경상감사 심연이 이끄는 근왕군 4만 명이 경기도 광주 쌍령에서 청군 1천3백 명에게 전멸에 가까운 패배를 당했다는 소식과 강화도가 청군에 함락되었다는 소식을 듣고 더는 남한산성을 의지해 수비할 여력이 없어지자 성을 내려와 항복하게 되었다. 1637년 1월 초(음)에 내려왔다 하여 정축하성_{丁丑下誠}이라고도 하였다.

삼전도는 현재 서울시 송파구 삼전동 부근에 있던 하중도의 나루터였다. 인조는 임금이 입는 곤룡포 대신 직급이 낮은 신하들이 입는 파란색 옷을 입고 아홉 개의 단상으로 만든 청나라 황제가 앉은 수항단(항복을 받는 단)에 삼배구고두례_{三拜九叩頭禮}, 혹은 삼궤구고두례_{三跪九叩頭禮}를 실시하였다. 청 태종실록에 당시의 상황이 다음과 같이 묘사되어 있다.

'이어서 비빈과 대군들이, 삼정승과 판서 순으로 삼배구고두례를 실시한 다음 도승지가 옥쇄를 들고 와 청나라 황제에게 바쳤다. 이후 조선은 청나라가 만들어준 옥쇄를 사용하게 되었다. 청나라의 예를 담당하는 대신이 인조의 반일(청 태종이 있는 좌석에 앉는 것)을 주청하자 상이(청 태종) 말씀하시길 "위세로서 그를 떨게 하는 것은 덕德으로서 그를 품는 것만 못하다. 조선의 왕은 비록 병세에 몰려서 내 귀하였지만, 역시 한나라의 왕이다." 명령을 내려 다가와 좌측에 앉도록 하였고, 단 아래에 이르러 동쪽에 앉아 서쪽을 향하게 하였다. 그다음 좌측에는 호쇼이 친왕, 도로이 군왕, 도로이 버이러(청태종의 형제들)등의 순서대로 앉았고, 이종(인조의장자) 이왕(소현세자)이 버이러의 아래에 앉았다.'

삼배구고두례三拜九叩頭禮 또는 삼궤구고두례三跪九叩頭禮는 옛날부터 여진족이 행하던 예법으로써 인조가 청 태종에게 항복하였기 때문에 청나라 예법에 따른 것이지 청 태종이 조선 국왕을 특별히 수모를 주기 위해 행해진 의식은 아니었다. 조선으로서는 그때까지 높은 문화적 자긍심과 조선이 소중화(작은 중국)라는 의식이 마음속에 깊게 인식된 상태에서 오랑캐의 침략에 항복하고 절한다는 것은 감당하기 힘든 치욕이었다. 하지만 왕이 절을 한 후 머리를 땅에 박아 그 소리가 청 태종의 귀에 들리게 머리를 찧게 하여 인조의 이마에 피가 흥건히 맺혔다는 이야기는 전부 과장된 이야기이다.

이렇게 삼전도에서 항복의식을 마친 인조는 돌아갈 때 청 태종으로부터 백마와 하얀 초피를 하사받을 때는 두배 육고두를 하였다. 이틀 후 홍타이지가 돌아갈 때 소현세자와 봉림대군, 삼학사(윤집, 홍익환, 오달제)를 볼모로 잡아갔으며, 삼학사는 심양에서 처형되었다. 그리고 1639년 삼전도비가 세워졌다.

1636년 12월 2일 심양에서 출발한 청나라군은 한양까지 760㎞ 달하는 거리를 12일 만에 돌파하는 놀라운 속도로 조선을 침공하였으며, 조선은 힘 한번 써보지 못하고 허무하게 기습당하여 피난 가기에 여념이 없었고, 인조는 남한산성에서 추위와 배고픔 속에 견디다 항복하고 말았다. 하지만 조선의 북방 백성들의 고초는 지금부터였다.

청군이 철수하면서 북방지역의 백성들을 보이는 대로 잡아갔으며, 최명길의 회고록에는 조선 백성 50만 명이 청나라수도 심양으로 잡혀 갔다 한다. 성리학적 사관에 매몰되어 백성들의 목숨 하나도 지키지 못하는 지배층은 자기 하나 몸보신에 만족하면서 전란이 끝난 후 또 다시 당쟁과 성리학적 사관에 매몰되었고, 구한말 위정척사사상으로 나타나 개혁개방의 시기를 놓쳐 나라를 제국주의 시대의 희생양으로 만들고 말았다.

1640년 청의 요청으로 가도에 주둔하고 있는 모문룡의 잔당을 공격하기 위해 임경업을 수장으로 한 군사 6천 명을 파견하여 공격하였으나 실패하였고, 임경업은 1643년 명나라에 투항하였다. 임경업은 명나라 동주 도독이었던 황룡을 통해 명 숭정제로부터 부총병의 지위를 하사받았으나 전세는 이미 기울어진 뒤였다. 1644년 명나라 북경에서는 이자성의 난이 일어나 북경이 함락당하고 숭정제는 자살하였다. 그 이후 청나라군이 산해관을 입성하고 북경을 함락시키면서 명나라를 복속시켰다.

1645년 청에 볼모로 억류되었던 소현세자가 귀국하였으나 2개월 후 사망하였고, 둘째 아들인 봉림대군이 세자로 책봉되어 왕이 되니 효종이었다. 청나라에 볼모로 잡혀간 조선 백성들과 특히 여인들은 고향에 돌아와서도 고통받는데 이 여인들을 '환향녀遷鄕女'라 불렀고, 여인들이 고향에 돌아와 청나라에서 청나라인과 사이에 낳은 아이들을 '호로자식胡虜子息'이라 불렀다. 사대부들은 자기의 본처가 돌아온 뒤에도 남편들은 여인들이 오랑캐에게 몸이 더러워졌다며 재결합하는 것을 거부하였고, 이에 인조는 이혼을 금지하고 재결합을 장려하였지만, 대부분 사대부는 재결합이 아닌 새로운 부인을 택해 재혼하였다.

글을 마치며

우리는 역사를 알아야 한다고 말하고, 많은 사람이 역사에 관심 있다고 말하지만, 막상 아는 내용을 말하라 하면 내용이 단편적이거나, 협소한 지식을 전부인 것처럼 여기는 경우가 많다.

삼배구고두의 치욕스러운 항복 이후 청의 홍타이지는 함경도를 거쳐 철수하였고, 평안도와 함경도 지역의 많은 백성이 포로로 잡혀갔다. 함께 끌려간 최명길의 회고록에 따르면 조선 백성 50만 명이 잡혀갔으며 이들은 20명이 한 조가 되어 목에 밧줄이 묶여서 끌려갔다 한다.

이 과정에서 많은 사람이 죽었다. 얼어 죽고, 맞아 죽고, 탈출하다 죽었다. 나라가 망할지언정 명과의 의리를 지켜야 한다고 왕을 협박하였던 인조반정의 대신들과 사대부들은 이들의 끔찍한 노예 생활과 죽음에 아무도 책임지지 않았다.

임진왜란과 병자호란

1637년 1월 강화도가 청나라 장군 도르곤에게 함락되었을 때 강화도 백성들도 청나라의 포로가 되었다. 이들은 인조의 삼배구고두 항복과 함께 청의 수도인 심양까지 끌려갔다.

　　이들 중 한 명이었던 안단이라는 사람은 청나라 수도였던 심양까지 끌려갔다. 명나라가 멸망하면서 청나라가 북경을 탈환할 때 북경까지 끌려갔고, 북경에서 청나라 사람의 종살이를 7년 동안 하다가 주인이 남쪽 지역 전투에 차출되어 출정하자 고향으로 돌아가고자 집을 탈출하여 1675년에 온갖 어려움을 극복하고 북경—산해관을 거쳐 압록강까지 탈출하는 데 성공하였다. 포로로 잡혀간 지 38년 만의 일이었다.

　　꿈에서도 그리던 고향 땅을 밟고자 안단은 압록강을 건너 조선 땅인 의주로 들어오기 위해 자신의 신분을 밝혔다. 마침 의주에 청나라의 사신이 들어와 있었으므로 당시 의주 부윤이었던 조성부는 안단을 조선에 들여보냈을 때 청나라 사신이 알아차린다면 외교적으로 많은 애로사항이 생길 것을 염려하여 그만 안단을 묶어 청나라 사신에게 넘겨줘 버렸다.

　　사슬에 묶인 안단은 '내가 나이가 들어 늙을수록 고국과 고향을 그리는 정이 더욱 간절한데 왜 나를 죽음의 길로 다시 몰아넣느냐?'라며 울부짖었다. 하지만 이 같은 경우가 어찌 안단 한 사람뿐이었을까? 그리고 이런 사람들은 누가 책임졌는가?

　　목숨보다 의리를 내세웠던 조선의 지배층은 그들의 가족들이 청나라로 끌려갔을 때 많은 배상금을 지불하고 가족을 고향으로 데리고 왔다. 그러나 힘없고 돈 없는 백성들의 고통은 몇 세기가 지나도 그들의 옷깃에 묻은 얼룩진 눈물과 핏방울을 닦아주지 못했고 그들은 그런 고통 속에 묻혀서 잊혀갔다.

한산도 대첩에서 이순신 장군에게 대패한 왜장 와키자가 야스하루는 그의 배가 완파 당하여 무인도였던 한산도로 헤엄쳐 들어가 가까스로 목숨을 건진 후 먹을 것이 없어서 거의 10일간 미역만 먹고 살아남아 일본으로 돌아갔다.

그 후 그는 자기의 후손들에게 한산도 해전의 치욕을 잊지 않기 위해 매년 7월 8일이 되면 미역만 먹는 풍습을 남겼고 오늘날까지 와키자카의 후손들은 풍습을 따라 행하고 있다. 훗날 그는 이순신을 흠모하며 다음과 같은 말을 남겼다.

내가 제일 두려워하는 사람은 이순신이며,
내가 가장 미워하는 사람도 이순신이며,
내가 가장 좋아하는 사람도 이순신이며,
내가 가장 흠숭하는 사람도 이순신이며,
내가 가장 죽이고 싶은 사람도 이순신이며,
내가 가장 차를 함께하고 싶은 사람도 이순신이다.

침략자로 조선 백성들을 무수히 살인한 적장 와키자카의 후손들조차도 그들의 조상이 이국땅 침략지에서 잠시 당한 고통을 잊지 않기 위해 매년 7월이 되면 미역을 먹으면서 고통을 상기하고 있는데, 그 고통과 피의 절규가 천 배, 만 배 이상인 우리 조선은 한 세대가 지나가면 고통과 죽음의 쓰린 맛을 잊고 또다시 호란의 치욕을 당하고 말았다.

전쟁을 준비하는 과정에서 훈련이 귀찮아서 대충해 버리고, 평화로운 나라에 곧 전쟁이 일어난다고 하여 나라에서 성을 쌓으라 하니 지방의 사림과 백성들은 불평불만이 가득하였고, 민란이라도 일으킬 것처럼 행동하였으며 상소가 빗발치게 올라왔다.

또한, 임금과 대신들은 남해에서 기적 같은 해전의 승리를 끌어내 일본군의 서해 진출을 저지한 해군 제독의 믿지 못할 전승 소식에 한편으로는 안도하면서 끝내는 시기와 질투에 눈이 멀어 그를 삼도수군통제사의 자리에서 끌어내렸고, 칠천량 해전을 거쳐 결국 나라가 풍전등화風前燈火에 놓이게 되었다. 자신은 패주하면서 신하에게는 한양을, 임진강을, 평양성을 지키라고 하면서 그렇게 하지 못한 신하들의 목을 베게 하였던 군주가 우리의 임금이었다.

우리의 임금은 지킬 힘도, 결사 항전의 의지도, 싸우는 전술과 전략도 없이 오직 의리 하나만 가지고 '추운 겨울에 설마 오랑캐가 쳐들어오겠어' 하는 무사안일無事安逸과 구태의연舊態依然함으로 전국에 선전교서를 내려 마치 대단한 결전이라도 치를 것처럼 행동하였다. 적군이 쳐들어오면 적군을 맞아 싸우는 병사들과 장군들 앞에 나서서 위로해

주겠노라고 큰소리친 왕은 막상 청나라군이 쳐들어왔을 때 제일 먼저 남한산성으로 도망가버리고 말았다.

전투라곤 해본 적도 없는 문신들이 많이 배웠다고, 계급이 높다고 무신의 지휘권을 빼앗아 버리고 목을 친 후, 조총병들에게 적들이 달려드니 조총의 사거리도 무시한 채 무조건 총을 쏘라는 터무니없는 명령을 하였고, 결국 조총병들의 탄환이 다 떨어진 다음 적군이 공격해 오니 결국 병력이 괴멸되는 상황을 맞았다.

그리하여 병자호란에서 가장 치욕스러운 전투로 알려진 광주 쌍령 전투는 1천3백 명의 청나라 기병에게 4만 명의 경상도 근왕군이 대패하는 치욕스러운 역사를 남기고 말았다.

임진왜란 전 우리의 인구수는 거의 1천만 명에 이르렀으나 7년이라는 험악한 세월을 견디고 지나다 보니 전쟁으로 죽고, 굶어서 죽고 거리에는 시체가 산더미처럼 쌓여있어 썩는 냄새가 사방에 진동하는 처참한 지경에 이르렀다.

조선이 이러한 어마어마한 목숨값을 치렀으면 앞날에 대한 대비와 세계를 보는 안목이 조금은 발전했어야 함에도, 임진왜란이 종료된 후 38년이 흐른 뒤 어리석은 결정으로 겪지 않아도 될 참화를 겪었으며, 그 이후 변화를 거부하고 성리학적 사관에 매몰되어 나라를 통째로 36년간 빼앗기는 지경까지 이르렀다.

가슴 아픈 역사도 우리의 역사란 인식에서 받아들이고, 이를 통해

임진왜란과 병자호란

지금 현재 우리가 가진 역사 인식과 미래 대한민국의 국민으로서 어떤 사관을 가지고 살아야만 지난날의 고통과 죽음에서 벗어나 더 당당하고, 다른 나라로부터 마음속으로 멸시와 업신여김을 받지 않고 살아갈 것인가에 대한 확실한 반성이 있어야겠다.

우리가 세계정세를 똑바로 직시하지 못한다면, 우리가 우리의 역사를 잊고 왜곡해 버린다면, 그런 나라와 국민은 현재가 평화롭고 풍요롭다 해도 무더운 여름날 길바닥에 떨어진 아이스크림과 같을 것이다.

우리가 명나라에 대해 부모의 나라라고 높여 주었을 때 중국인들은 자기들끼리 조선을 칭할 때는 말 잘 듣는 오랑캐라는 뜻의 순이順夷라 불렀다. 조선의 사대부들이 스스로 조선을 소중화小中華라 생각했건만 청나라는 조선을 소중화로 보기보다 아녀자의 나라라고 비웃고 있었다.

조선은 임진왜란과 병자호란을 겪고 난 후 300년도 못 되어 또다시 격변의 시대를 맞아 무능한 지도층의 정책과 위정척사사상에 매몰되어 우물 안의 개구리처럼 좁은 세계관으로 개혁개방의 정책을 펴지 못하였다. 결국, 제국주의의 희생양이 되었고, 조선은 36년간 일본의 식민지 지배를 받고 말았다.

우리가 스스로 우리를 비하하고 낮추어 자존감을 버린다면, 내부적으로 단결된 모습을 보이지 못한다면, 우리의 자주권을 남의 나라에 의존하는 정책을 펼친다면, 머지않아 우리는 또다시 임진왜란과 병자호란과 같은 환란에 직면하고 말 것이다. 그러므로 우리 대한민국이 과거의 역사적 사실이었던 수동적인 객체에서 벗어나 우리의 운명을 적극적으로 개척해 나갈 수 있는 혜안을 가지고 나아갈 때만이 우리를 더욱 굳건히 지킬 수 있다. 그러기 위해서는 우리의 내부역량을 키우고 한국 사회 내부에 만연한 지역 간, 세대 간, 성별 간의 갈등을 해소하고 통합시키는 과정이 필수적이다.

이런 분열된 국민의 마음을 아우르고 통합시켜야만 냉혹한 국제 정세 속에서 대한민국이 뿌리 깊은 나무처럼 바람에 휘둘리지 않고 우뚝 설 것이다. E.H 카는 『역사란 무엇인가?』에서 '역사는 의식적이든 무의식적이든 현재 자기 나라의 시대적 위치를 반영하게 된다'고 말했다. 그러므로 우리는 지금까지의 과오를 되풀이하지 않기 위해서도 올바른 역사를 알아야 한다.

나는 지도층이니까, 나는 학자이니까, 나는 학생이니까, 내가 아닌 다른 사람 누군가 대신해주겠지, 하는 무사안일의 정신을 배격하고 '노블레스 오블리주' 정신과 솔선수범하는 자세와 우리의 삶 속에 '상무 정신'을 갖는다면 어떤 비바람이 불어도 흔들리지 않는 나라가 될 것이다.

참고 문헌

류성룡의 징비록

다시 찾은 우리 역사, 한영우, 경세원

이이화의 한국사 이야기, 이이화, 한길사

조선시대 당쟁사1~2, 이성무, 아름다운 날

위키백과

나무위키

유튜브, 써에이스 쇼(sirace show)

유튜브, 황현필 한국사

임진왜란과 병자호란

펴낸날 2021년 12월 17일

지은이 김수인
펴낸이 주계수 | **편집책임** 이슬기 | **꾸민이** 이슬기

펴낸곳 밥북 | **출판등록** 제 2014-000085 호
주소 서울시 마포구 양화로 59 화승리버스텔 303호
전화 02-6925-0370 | **팩스** 02-6925-0380
홈페이지 www.bobbook.co.kr | **이메일** bobbook@hanmail.net

© 김수인, 2021.
ISBN 979-11-5858-835-9 (03900)